AF343913

MUSIQUE ET L'ACOUSTIQUE.

REVUE D'ALSACE.

VINGT-HUITIÈME ANNÉE.

LA
MUSIQUE ET L'ACOUSTIQUE.

APERÇU GÉNÉRAL

SUR LEURS RAPPORTS ET SUR LEURS DISSEMBLANCES

Par G.-A. HIRN.

PARIS,

GAUTHIER-VILLARS, IMPRIMEUR-LIBRAIRE

DU BUREAU DES LONGITUDES, DE L'ÉCOLE POLYTECHNIQUE,

SUCCESSEUR DE MALLET-BACHELIER,

Quai des Augustins, 55.

1878

SOMMAIRE RAISONNÉ

DES MATIÈRES.

LA
MUSIQUE ET L'ACOUSTIQUE

APERÇU GÉNÉRAL

sur leurs rapports et sur leurs dissemblances

La musique et l'acoutisque! L'art le plus dégagé des réalités de ce monde, l'art dont l'instinct divinatoire des poètes a fait la langue des anges, et une branche spéciale de la physique! La traduction de nos sentiments les plus intimes et les plus élevés à l'aide de mélodies et d'harmonies, et l'étude physique et mathématique des sons qui forment ces mélodies, ces harmonies! Quels rapports peut-il exister entre deux ordres de manifestations aussi distinctes, aussi opposées, de l'âme humaine? N'est-ce point confondre par trop ostensiblement les produits de la raison avec ceux de l'imagination que de parler de tels rapports?

Ces relations pourtant ne sont point des fictions; elles existent : entrevues, pour ainsi dire, dès la plus haute antiquité, elles ont été l'objet des méditations des philosophes et

des savants de toutes les époques, et ont été étudiées à l'aide
de procédés de plus en plus rigoureux, à mesure que la
science théorique et expérimentale et que l'art musical lui-
même se sont développés et perfectionnés.

La science est parvenue, non seulement à connaître le
mécanisme intime du son, à constater qu'il résulte d'un mouvement oscillatoire des parties des corps sonores et du milieu
aérien où nous sommes plongés, et qu'un son est d'autant
plus aigu que ces oscillations sont plus rapides, mais encore
à compter rigoureusement le nombre de ces oscillations par
unité de temps, depuis le son le plus grave jusqu'au plus aigu
que notre oreille puisse percevoir, à mesurer la longueur des
ondes, à déterminer le nombre relatif de vibrations nécessaires pour que deux ou plusieurs sons simultanés forment
pour nous un accord consonnant ou dissonant. Et, dans ces
dernières années, la science, on peut le dire sans exagération,
a atteint, dans l'étude des sons, les limites du merveilleux.
Dès l'origine, on avait tout au moins soupçonné la raison du
degré de gravité ou d'acuité des sons; plusieurs philosophes
grecs ont cherché déjà dans l'harmonie ou dans le désaccord
des nombres, considérés abstractivement, les raisons physiques et métaphysiques de l'harmonie et de la dissonance des
sons simultanés. Il restait cependant une énigme profonde à
deviner: elle semblait défier la puissance de la théorie et de
l'expérimentation. Deux sons, quoique équivalents comme tons,
quoique répondant exactement à la même note, peuvent dif-
férer par cette qualité intime que nous appelons le *timbre*.
Le *la normal*, qu'il soit donné par le diapason, par la voix
humaine, par le violon, par la flûte, par le cor...., répond
toujours au même nombre (870) de vibrations par seconde, et
cependant le nom seul des instruments que je viens de citer
éveille en nous des impressions différentes, tant est différente
la qualité, le timbre des sons que chacun d'eux produit.

D'où peuvent dériver des variations aussi considérables

dans la nature intime de sons dus à des ondulations rigoureusement égales en longueur ? Mais allons bien plus loin. La parole, la voix humaine articulée, le grondement du tonnerre, le rugissement de l'Océan, les mille et mille bruits sourds ou stridents qui frappent sans cesse notre ouïe, sans que nous y fassions même attention, tous ces sons, d'espèces sans nombre, relèvent de mouvements ondulatoires excités dans l'air par des causes diverses. Notre intelligence, aidée de l'oreille la plus délicate, ne soupçonne pas même ici l'existence d'un ton musical. Comment un même mode de mouvement du fluide aérien peut-il éveiller en nous des impressions aussi profondément différentes ? La question n'avait reçu que des réponses très vagues et presque hypothétiques ; on supposait, et avec raison, que le timbre du son devait dépendre de la forme *interne* des ondes sonores, de la manière dont y sont distribuées les condensations et les raréfactions du milieu sonore ; mais cette explication demandait à être singulièrement éclaircie elle-même, pour prendre définitivement rang dans la science. Les superbes travaux de M. Helmholtz ont jeté la plus vive lumière sur la question et ne laissent, pour ainsi dire, plus de lacunes à combler.

Les tons les plus purs de nos instruments de musique, ceux de la voix humaine elle-même, ne sont jamais simples. Lorsque, par exemple, nous frappons l'une des notes graves d'un de nos pianos les mieux construits, nous entendons, non seulement le ton *fondamental*, le ton principal de la corde, mais une suite de tons de plus en plus aigus, d'autant plus étendue que notre oreille est plus délicate et plus *attentive*. Ce sont ce qu'on appelle les sons harmoniques de la corde. Les nombres de vibrations qui répondent à ces sons croissent comme la suite des nombres naturels : 1, 2, 3, 4, 5, 6, 7, 8... ; en d'autres termes, outre la note principale, on entend la première octave, la quinte, la seconde octave, etc. Selon l'instrument qui rend le son, les uns ou les autres de ces sons secondaires sont plus ou moins prédominants par rapport aux autres, et c'est précisément de cette prédominance spécifique, c'est de l'intensité relative des sons harmoniques accompagnant toujours le son fondamental que dérive le timbre de chaque instrument, celui de la voix humaine avec toutes ses variétés. Parmi ces sons harmoniques, il en est dont la coexistence produit pour nous des accords agréables, ou désagréables, ou absolument faux; il en est qui ne trouvent pas même de place dans notre gamme. De là naît la diversité infinie des timbres de nos instruments de musique.

Si, à une association de tons harmoniques, nous substituons un mélange de tons pris au hasard, nous aurons le *bruit*, qui semble le contraire de toute note musicale.

Je ne puis songer à présenter ici, même en court résumé, l'ensemble des expériences inattaquables sur lesquelles repose l'interprétation de M. Helmholtz. Il s'en trouve pourtant deux qui sont trop belles et trop frappantes pour que je les passe sous silence. Si le timbre d'un son dérive effectivement de la seule coexistence de plusieurs sons simultanés, il est visible que nous devrons pouvoir faire rendre à un même instrument de musique le timbre de tous les autres, à la seule condition que nous sachions le *forcer* à reproduire, dans le même ordre et avec la même intensité, les sons secondaires d'où naît le timbre de chacun d'eux. C'est à quoi l'on parvient d'une façon qui tient presque du prodige. Si l'on soulève les étouffoirs d'un piano et si, à la partie où le couvercle laisse voir les cordes et les marteaux, on prononce distinctement les voyelles A, E, I, O, U, en les chantant, et en mettant la voix d'accord avec l'une des cordes, avec le *la*, par exemple, *on entend l'instrument répéter comme un écho les mêmes voyelles*. Cette expérience excite l'étonnement de toutes les personnes qui y assistent pour la première fois. J'en cite une autre plus frappante encore. Elle est due au grand physicien anglais Wheatstone, que la science a perdu, il y a peu d'années. Dans une salle de concert, et à la place habituellement occupée par l'orchestre, se trouvent rangées quelques harpes; nul autre instrument de musique n'est visible; nul artiste, pour tirer des sons des harpes! Et cependant, ô prodige! celles-ci font entendre une symphonie complète; instruments à cordes, flûte, clarinette, basson, cor..., rien n'y manque, nul timbre n'y fait défaut. Qu'est-ce donc qui fait rendre aux harpes ces sons variés? Au-dessous d'elles, dans une cave voûtée, se trouve un vrai orchestre, dont nul son toutefois ne peut parvenir aux auditeurs; mais les organes sonores des divers instruments de cet orchestre sont mis en rapport avec les harpes par de simples barreaux de bois sec, qui jouent ici le même rôle que l'*âme* des instruments à cordes, qui transmettent fidèlement aux harpes toutes les vibrations *souterraines*, et qui forcent ainsi leurs cordes à parler comme l'orchestre. L'expérience surprenante de Wheatstone a précédé de plusieurs années l'interprétation de M. Helmholtz et l'a ainsi en quelque sorte vérifiée à l'avance.

Les faits que je viens de signaler, et que j'aurais pu développer considérablement, nous font voir des relations évidentes entre l'acoustique et la musique; mais ils ne laissent pas non plus de doutes sur la nature, sur l'espèce de ces relations.

La physique ici analyse et dissèque en quelque sorte les matériaux avec lesquels l'art produit ses créations, les sons, à l'aide desquels le compositeur exprime ses plus sublimes inspirations. La science, en tout cela, se contente de nous faire connaître les éléments avec lesquels l'art opère; elle n'essaie ni de se fondre avec l'art, ni, bien moins encore, de s'y substituer.

La science peut-elle aller beaucoup plus loin? Peut-elle expliquer l'action des sons et de leurs combinaisons sur la partie sensitive de notre être? Peut-elle aller beaucoup plus loin encore, peut-elle rendre compte de l'impression que produit la musique sur notre être pensant?

Beaucoup de philosophes l'ont cru à diverses époques et le croient encore. Sans parler de ceux qui, systématiquement, réduisent toutes nos manifestations intellectuelles à de simples phénomènes physiologiques, beaucoup croient que l'effet de la musique n'est que le résultat pur et simple de sensations agréables ou désagréables, comme le sont, par exemple, les impressions du goût, de l'odorat. L'art le plus immatériel qu'ait créé et dont dispose le génie de l'homme, l'art dont la seule existence est une réfutation des idées matérialistes, ne serait ainsi que le produit d'impressions physiques ! Sans descendre aussi bas, ou plutôt, essayant de s'élever bien plus haut, d'autres font dériver l'action de la musique des combinaisons mathématiques que forment entre elles les vibrations sonores.

Le lecteur, je n'en doute pas, s'attend à ce qu'un physicien doublé d'un mathématicien, si même il ne tombe pas dans les exagérations précédentes, cherche du moins à démontrer que la science domine l'art, qu'elle lui impose ses lois, qu'elle explique, sinon ses effets sur l'âme, du moins les procédés qu'il emploie pour arriver à ces effets. Le but du travail que je publie aujourd'hui est cependant tout opposé, en bien des points. Je vais, au contraire, montrer que, si la science fournit à l'art des données que tout musicien un peu instruit devrait désormais posséder, il est, d'un autre côté, des limites très nettes et très faciles à poser, qu'elle ne saurait franchir ; que, même bien en deçà de ces limites, il est bon nombre de problèmes où la science, tout en intervenant sous une forme utile, est pourtant obligée de se plier aux exigences de l'art ; qu'il est, en un mot, des questions que le savant ne peut même pas aborder, s'il n'a étudié la musique.

I

C'est précisément sur l'une de ces dernières questions, c'est sur la structure de la gamme diatonique que j'appellerai tout d'abord l'attention du lecteur. Le sujet est bien loin d'être aussi simple qu'on pourrait le penser.

Notre gamme est formée, comme chacun le sait, de sept intervalles, procédant par degrés ascendants de tons entiers et de demi-tons, dans l'ordre suivant :

UT 1 RÉ 1 MI ½ FA 1 SOL 1 LA 1 SI ½ UT

Toutefois, les tons entiers ne sont eux-mêmes pas formés d'intervalles égaux, et, pour que la gamme diatonique soit rigoureusement juste, il faut que le nombre de vibrations répondant à chaque note soit avec celui de la note suivante dans le rapport des chiffres :

UT 8 : 9 RÉ 9 : 10 MI 15 : 16 FA 8 : 9 SOL 9 : 10 LA 8 : 9 SI 15 : 16 UT

En partant du nombre de vibrations 870, admis maintenant généralement pour le *la*, on trouve aisément que les nombres de vibrations qui répondent à chaque note de la gamme sont :

UT	RÉ	MI	FA	SOL	LA	SI	UT
522	587.25	652.5	696	783	870	978.75	1044

Au premier abord, le lecteur pourrait croire qu'il s'agit ici d'une abstraction théorique, ou même d'une sorte de convention arbitraire. Il n'en est nullement ainsi, comme on va le voir.

Parmi les accords que chacune des notes ascendantes forme avec la note fondamentale *ut*, deux sont franchement dissonants : l'accord de seconde majeure *ut-ré* et l'accord de septième *ut-si*. L'intervalle *ut-ut*, celui de l'octave, est au contraire tellement consonnant qu'il ne forme pas un accord proprement dit. Les quatre autres, la tierce majeure *ut-mi*, la quarte *ut-fa*, la quinte *ut-sol*, et la sixième *ut-la*, à partir de la quinte, ont été successivement admis comme des accords consonnants. Bien que le terme d'accord dissonant n'ait rien de commun avec celui d'*accord faux*, il n'en est pas moins vrai que notre oreille est moins blessée par une légère altération subie par un accord dissonant que par celle que subit un accord consonnant. Or, la science a déterminé, avec une rigueur sans égale, et à l'aide de procédés qui sont de nature à étonner, les nombres de vibrations relatifs des accords consonnants Pour qu'une tierce, une quarte, une quinte..., soit parfaitement juste, il faut que les nombres de vibrations répondant aux deux notes soient entre eux dans les rapports suivants :

TIERCE MINEURE	TIERCE MAJEURE	QUARTE	QUINTE	SIXTE
5:6	4:5	3:4	2:3	3:5

Quant à l'octave, le rapport est de 1 à 2. Le lecteur peut s'assurer que, dans la gamme ci-dessus, ces rapports se trouvent exactement observés; ainsi, par exemple, on a :

Ut est à *sol* comme 522 est à 783, comme 2 est à 3.

Il est dès ce moment facile de déterminer les notes dissonantes *ré* et *si*. Pour que la quarte *ré-sol* soit juste, il faut en effet qu'on ait :

Ré est à *sol* comme 3 est à 4, comme X est à 783.

D'où l'on tire : X = 587,25.

On trouve de même la valeur de *si*, en remarquant que, pour que la tierce *sol-si* soit juste, il faut qu'on ait :

Sol est à *si* comme 4 est à 5, comme 783 est à 978,75.

Telle est la construction de la gamme diatonique, *théorique*, en *ut* majeur. Au premier abord, le lecteur ne doit pas comprendre pourquoi je me sers prudemment du mot théorique, et pourquoi, au contraire, cette gamme ne serait pas essentiellement pratique. La réunion d'une note quelconque avec l'*ut* forme en effet un accord parfaitement juste, qu'il soit consonnant ou dissonant. Il semble donc que le musicien le plus scrupuleux pourrait se servir avec confiance d'un instrument qu'un physicien aurait accordé en partant de ces principes. Voyons cependant tout de suite ce qui en est, même avant de nous occuper des gammes en d'autres tons. Au lieu de comparer les six notes ascendantes de l'octave à l'*ut* fondamental seulement, réunissons les deux à deux entre elles : le résultat de cette comparaison est frappant. Tous les accords sont justes, à l'exception de deux : la tierce mineure *ré-fa* et la quinte *ré-la;* le *ré* étant admis comme point de départ avec ses 587,25 vibrations, il faudrait, pour que la tierce et la quinte devinssent justes, que le *fa* répondît à 704,7 et le *la* à 880,875 vibrations ; or, ces notes en représentent dans notre gamme 696 et 870. Acceptée telle quelle, cette gamme donne donc lieu à deux accords *faux*. Pour accorder un instrument à sons fixes, le piano, par exemple, de façon à corriger dans la limite du possible ces accords faux, il faut donc *fausser* un tant soit peu les accords justes au bénéfice de ceux qui ne le seraient pas assez ; et cela déjà pour les cordes qui répondent à la seule gamme d'*ut* majeur (celles des touches blanches) ; il faut, en un mot, diminuer, tempérer la justesse trop absolue de certains accords pour obtenir une justesse moyenne tolérable. Si, du piano aux sons invariables, nous passons aux instruments à cordes, où l'exécutant est maître de donner aux sons le degré d'acuité qu'il veut, nous arrivons à une conclusion qui, peut-être, fera rire par son caractère paradoxal. C'est que, sur ces instruments, on est obligé de jouer sans cesse légèrement faux pour ne pas aboutir à des tons d'une fausseté intolérable, — alors même qu'on reste dans le seul ton d'*ut* majeur ! Je vais mettre cette assertion baroque hors de doute et de plus permettre à chacun de la vérifier.

Que ceux de mes lecteurs, qui ont de l'oreille et qui savent tirer du violon un son pur et soutenu, accordent parfaitement juste les trois quintes formées par les cordes à vide ; qu'ils appuient le second doigt sur le *la* et le troisième sur le *ré*, et qu'ils accordent aussi juste que possible la tierce majeure *ut-mi* et ensuite la quarte *sol-ut*. En comparant alors le *sol* avec celui de la corde à vide, ils reconnaîtront, à leur grand étonnement peut-être, que l'octave ainsi obtenue est intolérablement fausse. La raison de cette singularité est très simple. Le *la* à vide faisant 870 vibrations et le violon étant accordé par quintes justes, le *mi* fait $870 \times \frac{3}{2}$ vibrations, soit 1305; le *ré* en fait $870 \times \frac{2}{3}$, soit 580; le *sol* en fait $580 \times \frac{2}{3}$, soit 386.67. D'un autre côté, l'*ut*, accordé en tierce juste avec la chanterelle, fait $1305 \times \frac{4}{5}$, soit 1044 vibrations, et le *sol*, accordé en quarte juste avec cet *ut*, fait $1044 \times \frac{3}{4}$, soit 783 vibrations; or, l'octave juste de ce *sol* à vide serait $386,67 \times 2$, soit 773.34 vibrations; le *sol* juste, par rapport à *ut* et *mi*, fait donc dix vibrations de trop. Comme les accords d'octave ne tolèrent aucune altération, il faut, par suite, que le violoniste tempère, ou, pour dire le mot propre, *fausse* légèrement le *sol* de la quarte et l'*ut* de la tierce.

La science, on le voit par ce premier exemple, ne peut donc pas nous imposer ses procédés inflexibles, pour accorder la seule gamme d'*ut* majeur; il faut qu'elle laisse l'oreille de l'artiste libre de corriger *le trop* de justesse en un sens, pour obtenir une justesse *suffisante* en un autre sens; mais, en même temps, elle nous montre clairement le pourquoi de la nécessité de cette sorte de concession. Ce qui est déjà frappant, quand nous ne nous occupons que de la gamme en *ut* majeur, va le devenir au plus haut point par l'examen des autres gammes.

Le compositeur recourt à des gammes de divers tons, non pas seulement, comme le pensent beaucoup de personnes, pour donner à une mélodie le degré d'acuité ou de gravité qui lui convient, mais aussi parce que le timbre de beaucoup d'instruments varie et prend un caractère particulier avec les divers tons dans lesquels on écrit, et surtout, enfin, parce que les modulations qui servent à passer d'un ton en un autre sont pour l'artiste une source puissante d'effets tout spéciaux.

Le ton d'une gamme dépend, non de la note qui la commence, mais de l'espèce, du nombre relatif et de l'ordre respectif des tons entiers et des demi-tons qui la forment. En écrivant : *Sol la si ut ré mi fa sol*, nous ne sortons pas pour cela du ton d'*ut* majeur ; mais si nous altérons certains tons, si nous écrivons, par exemple, *fa*-dièse, ou *si*-bémol, ou *fa*-dièse, *si*-bémol et *mi*-bémol, le ton de la gamme, ainsi que celui de toutes les mélodies que nous composerons avec elle, passe en *sol* majeur, en *fa* majeur, ou en *sol* mineur. Pour que la note qui commence une gamme soit réellement la note *fondamentale*, la *tonique*, il faut, si elle doit être majeure, que les tons entiers et les demi-tons s'y succèdent dans le même ordre que dans la gamme d'*ut* majeur, et il en est de même pour les gammes en mode mineur.

Prenons comme exemples les gammes en *si* et en *ré*-bémol majeurs, pour que les tons et demi-tons s'y succèdent suivant l'ordre :

$$1 \quad 1 \quad \tfrac{1}{2} \quad 1 \quad 1 \quad 1 \quad \tfrac{1}{2}$$

Il faut visiblement que nous altérions, comme il suit, les diverses notes qui les composent :

SI	UT ♯	RÉ ♯	MI	FA ♯	SOL ♯	LA ♯	SI
RÉ ♭	MI ♭	FA	SOL ♭	LA ♭	SI ♭	UT	RÉ ♭

Mais quelle est maintenant, sous forme numérique, c'est-à-dire en nombre relatif de vibrations, la valeur de toutes ces altérations de tons entiers et de demi-tons ? Les tons entiers *si-ut*, *ut-ré*, *ré-mi*, *mi-fa*, les demi-tons *la-si*, *ut-ré*, sont-ils les mêmes que leurs correspondants *ut-ré*, *ré-mi*, *si-ut* ? En quoi consiste au juste l'altération de dièse et de bémol, à l'aide de laquelle nous changeons ainsi le ton d'une gamme ? Le ton, le degré d'acuité d'une note *diésée* est-il le même que celui de la note *bémolisée* immédiatement supérieure ?

Ces questions sembleront peut-être naïves à bien des personnes qui jouent d'un instrument quelconque, ou surtout qui ont la prétention de connaître la musique par principes : elles ne le sont pourtant nullement en réalité ; elles sont en

— 12 —

litige déjà depuis l'époque de Rameau. Les physiciens ont à
diverses reprises, et de nos jours même, proposé des solutions,
disons plutôt des systèmes très divers, quoique toujours très
tranchés ; d'un autre côté, les musiciens, se souciant peu des
verdicts de la science, se sont obstinés à n'écouter que leur
oreille et leur sentiment. Cherchons à voir qui a tort ou
raison.

L'idée la plus naturelle, celle qui se présente la première
à l'esprit, c'est de faire les demi-tons obtenus à l'aide des
dièses et des bémols semblables aux demi-tons naturels *mi-fa*
et *si-ut*, afin d'obtenir l'identité complète des nouvelles gammes
avec la gamme diatonique juste en *ut* majeur. Cette méthode
cependant, nous allons le voir tout de suite, conduit à des
résultats inacceptables pour l'oreille.

Les demi-tons *si-ut* et *mi-fa* répondant au rapport 15:16,
quant au nombre de vibrations que doivent faire les deux
notes, il faudra, pour diéser ou pour bémoliser une note quel-
conque, multiplier par $\frac{16}{15}$ ou par $\frac{15}{16}$ le nombre de vibrations
qui répond à cette note. Ainsi, par exemple, pour diéser l'*ut*,
nous multiplierons 522 par 16 et nous diviserons le produit
par 15 ; pour bémoliser le *ré*, nous multiplierons 587,25 par
15 et nous diviserons le produit par 16. En procédant ainsi,
quant à nos deux gammes, en *si* et en *ré* bémol, nous arrivons
aux nombres suivants :

SI	489,375		RÉ ♭	550,55
		8/9,102			9/10
UT ♯	556.8		MI ♭	611,72
		8/9			8/9,102
RÉ	626,4		FA	696
		24/25			15/15,82
MI	652,4		SOL ♭	734,1
		8/9,102			9/10
FA ♯	742,4		LA ♭	815,63
		8/9			8/9
SOL ♯	835,2		SI ♭	717,58
		9/10			9/9,102
LA ♯	928		UT	522
		15/15,82			15/15,82
SI	978,75		RÉ ♭	1101,1

_— 13 —_

On voit que, dans cette manière d'accorder un instrument,
les intervalles des tons et des demi-tons diffèrent considérablement de ceux de leurs correspondants dans la gamme d'_ut_
majeur; on voit aussi que les tons diésés seraient plus aigus
que les tons bémolisés qui les suivent. Ainsi, tandis que le
_ré_ dièse ferait 626,4 vibrations, le _mi_ bémol n'en ferait que
611,4. Ces défauts ont conduit les théoriciens à adopter pour
les demi-tons _artificiels_ le rapport uniforme 24:25. Ainsi,
pour diéser le _la_, il faut multiplier le nombre 870 de vibrations du _la normal_ par 25 et diviser le produit par 24; pour
bémoliser le _si_, il faut multiplier 489,375 par 24 et diviser
le produit par 25. Le tableau suivant donne la gamme chromatique complète à laquelle conduit cette méthode; et la
gamme ainsi obtenue répond, en quelque sorte, au dernier
mot de la science, quant à la subdivision des tons.

Gamme chromatique complète

	Nombre de vibrations			Nombre de vibrations
UT	1004		FA ♯	725
UT ♭	1002,4		FA	696
SI ♯	1019,5		FA ♭	668,16
SI	978,75		MI ♯	679,69
SI ♭	939,6		MI	652,5
LA ♯	906,25		MI ♭	626,4
LA (normal)	870		RÉ ♯	611,72
LA ♭	835,2		RÉ	587,25
SOL ♯	815,63		RÉ ♭	563,76
SOL	783		UT ♯	543,75
SOL ♭	751,68		UT	522

A l'aide de ce tableau, il est facile de construire une gamme
diatonique dans n'importe quel ton, il suffit d'y choisir les notes
de telle sorte que les tons et les demi-tons se succèdent dans
l'ordre voulu. A ce tableau j'en joins un autre petit, qui intéres-
sera le lecteur. Il indique la position exacte qu'il faut donner à
l'index, sur les cordes de l'alto et du violon, pour obtenir les

trois ou quatre premiers demi-tons consécutifs sur chacune de ces cordes. Ces indications feront le mieux voir au lecteur combien, dans ce système de gamme, les demi-tons diésés diffèrent des demi-tons bémolisés de la note suivante.

Position de l'index sur les cordes de l'alto et du violon

	Nombre de vibrations	Longueur libre de la corde	
FA ♯	1450	0ᵐ297	
FA	1392	0,3094	
FA ♭	1336,32	0,3223	
MI ♯	1359,38	0,3157	
MI	1305	0,33	*Mi* du violon.
SI ♯	1019,54	0,2816	
SI	978,75	0,2933	
RÉ ♭	939,6	0,3056	
LA ♯	906,25	0,3168	
LA	870	0,33	*La* du violon.
MI	652,5	0,297	
MI ♭	626,4	0,3094	
RÉ ♯	611,72	0,3168	
RÉ	587,25	0,33	*Ré* du violon.
LA	435	0,292	
LA ♭	417,6	0,3094	
SOL ♯	407,81	0,3168	
SOL	391,5	0,33	*Sol* du violon.
RÉ	293,625	0,32	
RÉ ♭	281,88	0,3333	
UT ♯	275,875	0,3456	
UT	261	0,36	*Ut* de l'alto.

Avant de discuter les avantages et les désavantages de cette gamme, il est nécessaire de rappeler celle qui est en usage exclusivement jusqu'ici. Chacun sait que, sur le piano et sur l'orgue, une seule et même touche (*noire*) répond au dièse et au bémol de deux notes consécutives : ainsi, une même touche donne *sol*-dièse et *la*-bémol. Mais ici encore, nous rencontrons *deux* systèmes différents de gammes dites tempérées. L'un, quoique tout à fait scientifique, a, chose assez étrange, été proposé par Rameau. Il consiste à diviser l'octave en douze intervalles absolument semblables, de telle sorte que le rapport des nombres de vibrations soit le même pour tous les demi-tons de l'échelle chromatique. Ce système, cité dans tous les traités de physique, n'a jamais pu prévaloir, et cela par une raison très simple. Notre oreille est absolument incapable de juger d'une égalité de division comme celle dont il est ici question ; pour l'obtenir, il faudrait que les facteurs ou les accordeurs d'orgue et de piano fussent tous pourvus d'une échelle de douze diapasons parfaitement accordés en demi-tons égaux, avec lesquels ils pussent mettre d'accord un à un les tons de leurs instruments. La construction d'une semblable échelle serait très facile, sans doute ; mais son emploi serait une sujétion des plus pénibles dans la pratique. L'autre méthode, qu'on peut appeler la méthode naturelle, et qui est, je crois, généralement suivie par les accordeurs de piano, consiste à faire porter les légères altérations indispensables sur ceux des accords qui les tolèrent le mieux, et à respecter les autres. Les octaves ne tolèrent pas la plus légère modification, et il est d'ailleurs inutile de leur en faire subir une. Après elles, viennent les quintes, pour lesquelles l'oreille est très exigeante aussi ; un calcul aisé montre, à la vérité, qu'il serait impossible d'accorder un piano par quintes justes ; mais on cherche du moins à les altérer le moins possible. Les accords de tierce, de quarte, de sixte, à l'égard desquels l'oreille est moins exigeante, subissent donc principalement le tempérament nécessaire pour que la justesse moyenne de la gamme devienne supportable.

II

J'ai dit que cette gamme tempérée naturelle est la seule
en usage dans notre musique moderne. Est-elle destinée à
être un jour complétement mise de côté et à faire place à la
gamme toute scientifique que nous avons trouvée ci-dessus ?
C'est ce que pensent, non seulement plusieurs savants, mais
même quelques artistes.

M. Blaserna, professeur à l'Université de Rome, a publié
récemment un ouvrage des plus remarquables, et dont on ne
saurait dire trop de bien [1]. Ce livre sera lu avec fruit et avec
plaisir par chacun : par tous ceux du moins qui aiment mieux
aller en avant que reculer, et qui préfèrent *le jour à la nuit*.

L'auteur s'y montre non seulement physicien instruit et
correct, mais encore critique impartial et élevé en matière
d'art. Il pose avec soin les limites qui séparent la science de
l'art ; comme critique, il sait rendre justice à toutes les écoles
et ne craint point de dire à sa patrie ce qu'il faut qu'elle
fasse pour se tenir au rang qu'elle a occupé si longtemps en
musique ; tout en faisant de quelques-uns des compositeurs
de son pays l'éloge qu'ils méritent, il sait apprécier ceux des
autres nations et ceux qui, par la grandeur de leur génie,
appartiennent à l'humanité entière et non à tel ou tel pays ;
il a compris à quelle hauteur incomparable s'est élevé Beethoven, dont la musique passe pour l'antipode de la musique
italienne ; il a le courage de dire que, quand les passions mau-
vaises (disons : *ridicules*) se seront apaisées et qu'au lieu de
siffler, on se donnera la peine d'écouter, on reconnaîtra de
côté et d'autre que R. Wagner *pourrait bien être un homme
de génie* ; et, en certains points, qui n'ont plus rien de commun
avec la science ou l'art, il se laisse aisément reconnaître

---

[1] *Le son et la musique.* Librairie Germer-Baillière et C⁚ (Bibliothèque
internationale).

comme l'ami du progrès, confiant dans l'avenir de l'humanité. Qu'en ces temps de trouble et d'épreuve, où tous les hommes qui pensent et sentent de la même manière font bien de se serrer la main, M. Blaserna me permette de lui donner ici un témoignage de ma sympathie!

Dans l'un des derniers chapitres de son ouvrage, M. Blaserna discute et présente, avec toute la clarté possible, ce qui semble donner à la gamme scientifique la supériorité sur notre gamme tempérée. A l'appui de cette supériorité, il cite une preuve pour ainsi dire parlante : « M. Helmholtz s'est fait construire un harmonium, qui lui permet de jouer à volonté avec la gamme exacte et avec la gamme tempérée, pour voir s'il existe réellement entre elles une différence appréciable. Pour peu que l'oreille s'y habitue, la différence devient très sensible. Avec la gamme exacte, les accords consonnants deviennent beaucoup plus doux, plus clairs et plus transparents; les accords dissonants, plus forts et plus mordants; la gamme tempérée, au contraire, mêle le tout dans une teinte uniforme; sans caractère tranché. Dans la première, les sons résultants ont une importance plus grande, et, en général, la musique prend un caractère plus décidé, plus franc, plus robuste et plus doux. Ce fait prouve que les résultats de la théorie ne sont pas de pures spéculations ou des exagérations pédantesques, mais qu'ils ont, au contraire, une véritable valeur, qui doit les faire accepter également dans la pratique. » De tout l'ensemble de sa discussion, d'ailleurs très intéressante, M. Blaserna conclut que la gamme tempérée doit être abandonnée définitivement dans un avenir prochain. « Si, dit-il, nous supportons celle-ci, c'est uniquement parce que nous avons l'oreille systématiquement faussée depuis notre enfance. »

Quelque spécieuses que soient les raisons données par M. Blaserna, quelque poids qu'aient ici les belles expériences de M. Helmholtz, il m'est impossible de me rallier au juge-

ment précédent, soit au point de vue de la musique, soit même à celui de la physique seul.

La condamnation et l'abolition de la gamme tempérée conduisent à des conséquences beaucoup plus graves qu'il ne peut sembler au premier abord, dans la pratique de notre musique moderne. Elles entraînent, en effet, d'une part, l'abolition du piano et de l'orgue, car, pour accorder ces instruments suivant la nouvelle gamme, il faudrait ajouter à chaque octave sept touches (sept *cordes* ou *tuyaux*) pour distinguer les dièses des bémols, ce qui, pour le piano, serait une impossibilité et, pour l'orgue, tout au moins une immense difficulté. D'autre part, si elles n'entraînent pas, comme il me paraît probable, l'abolition de bon nombre d'autres instruments essentiels à un orchestre, elles rendent du moins beaucoup plus difficile l'étude et l'usage de ces instruments. La flûte, le basson, la clarinette, etc., etc., sont des instruments à sons fixes, qu'il serait absolument impossible de construire pour deux espèces de demi-tons; les exécutants peuvent, sans doute, modifier légèrement, à l'aide de l'embouchure, le ton d'une même note, mais le peuvent-ils assez pour les exigences de la nouvelle gamme? C'est ce dont ils jugeront par eux-mêmes, d'après ce qui va suivre. Enfin, dans l'usage des instruments à cordes même, sur lesquels l'exécutant donne la *hauteur* voulue à certains tons (*non à tous*, il s'en faut), la gamme, dite exacte, conduit encore à des difficultés qu'il n'est pas permis de passer sous silence. Le violon, l'alto, le violoncelle, ne peuvent s'accorder que par quintes très justes. Le *la* du violon et de l'alto faisant 870 vibrations, le *ré* en fait $870 \times \frac{2}{3}$, soit 580; or le *ré* de la gamme juste répond à 586,25 vibrations: il suit de là que, pour jouer parfaitement juste sur ces instruments, on ne pourrait plus se servir de la corde du *ré* à vide, ni d'aucun des sons harmoniques de cette corde, car tous seraient relativement faux.

Mais passons sur des difficultés pratiques qui, si grandes

qu'elles soient, seraient à surmonter, si effectivement l'emploi de la gamme scientifique échappait à la critique et devait conduire réellement à de plus beaux effets en musique, et examinons de près cette gamme.

Déjà, dans la seule gamme en *ut*-majeur, nous avons rencontré une quinte absolument inacceptable pour une oreille qui ne serait pas *aussi* faussée systématiquement : la quinte *ré-la*. Mais passons à la gamme complète ou chromatique ; j'y choisis presque au hasard. Le *si* naturel fait 978,75 vibrations ; la quinte supérieure, pour être juste, devrait en faire $978,75 \times \frac{3}{2}$, soit 1468,125. Or, le *fa*-dièse de la gamme chromatique en fait 725×2, soit 1450. Cette différence donne lieu à une quinte que je ne puis qualifier que d'*horrible*, et je vais mettre chacun à même de s'en assurer. La quinte *si-fa*-dièse s'obtient, comme on le sait, sur le violon, en appuyant l'index à la fois et bien également sur les cordes *la* et *mi*. Celles-ci ayant la longueur habituelle $0^m,33$, il faut, pour que le *si* et sa quinte soient justes, que le doigt soit placé à $0^m,2933$ de distance du chevalet. Pour substituer à notre *fa*-dièse *tempérée* le *fa*-dièse de la gamme scientifique, il faut que nous reculions l'index de façon que sa distance au chevalet devienne $0^m,297$; mais, dans ces conditions, nous ne pourrons plus, avec le même doigt, conserver la distance $0^m,2933$, nécessaire pour que la note *si* reste juste. Le lecteur y parviendra en plaçant sous l'index une courte et mince règle en bois, qu'il obliquera sur les cordes de façon que la partie libre des cordes soit $0^m,2933$ sur le *la* et $0^m,297$ sur la chanterelle. Un violoniste qui verra faire ces apprêts aura *la chair de poule* avant même que l'archet passe sur les deux cordes, et il est permis de douter qu'aucune habitude nous fasse jamais accepter la quinte ainsi produite ! Je prends un autre exemple. Dans l'accord complet de septième du ton de *ré*-mineur (ou *mi sol si*-bémol *ut*-dièse), les deux notes altérées, *si* et *ut*, forment ensemble une tierce mineure ; nous savons que, pour qu'une telle tierce soit juste, il faut que les nombres de vibrations répondant aux deux tons soient entre eux comme 5 est à 6. Le *si*-bémol faisant 939,6 vibrations, il faudrait donc, pour que la tierce devînt juste, que l'*ut*-dièse en fît $939,6 \times \frac{6}{5}$, soit 1127,52; or, l'*ut*-dièse de la gamme scientifique n'en fait que $551,75 \times 2$, soit 1103,5, ce qui nous donne le rapport 939,6 : 1103,5, soit 5 : 5,87, au lieu de 5 : 6. La tierce mineure ainsi obtenue serait donc extrêmement fausse; elle ne serait plus même un accord possible.

Il ne sera pas difficile au lecteur de trouver, dans la gamme dite exacte, d'autres tons formant entre eux, non des accords dissonants, mais des accords dont il pourra lui-même vérifier l'intolérable fausseté, s'il sait se servir convenablement d'un instrument à sons variables à volonté (violon, alto, violoncelle).

De tout ce qui précède, nous conclurons que, d'une part sans doute, la gamme scientifique, par la justesse absolue qu'elle donnerait à certains accords, conduirait effectivement à des résultats remarquables de sonorité, mais que, d'autre part, elle nous condamnerait à bannir de l'harmonie toute une série d'accords indispensables, qu'elle fausserait à un trop haut degré. L'art de la musique perdrait ainsi certainement plus qu'il ne gagnerait. Si l'harmonium de M. Helmboltz semble conduire à des conclusions tout opposées aux précédentes, la raison en est, je pense, très simple. Il est toujours facile à un exécutant habile de déguiser dans une certaine mesure les défectuosités de son instrument; en évitant sur un harmonium *accordé scientifiquement* les accords douteux ou faux, l'instrument certes devient supérieur à tout autre.

Que le lecteur me permette une digression qui, bien qu'un peu étendue, sera ici à sa place, et qui, loin de détourner son attention, lui fera encore mieux saisir l'ensemble des vues que je développe.

M. Blaserna, que je cite encore une fois, et avec plaisir, présente dans son ouvrage quelques réflexions critiques, très justes à bien des égards, mais trop sévères en d'autres sens, quant à l'influence qu'exerce l'usage général, disons l'*abus* du piano sur le goût musical, sur l'oreille du public. C'est à l'extension de cet instrument qu'il attribue, en grande partie du moins, l'emploi exclusif et invétéré de la gamme tempérée ; je reviendrai tout à l'heure sur ce côté de la question. Mais je signale d'abord plusieurs justes griefs que l'on peut articuler contre le piano. Cet instrument est à sons fixes multiples ; il ne peut tenir indéfiniment l'accord ; et, lorsqu'il n'est pas parfaitement construit, il le perd fort vite, et exige les soins d'un homme spécial intelligent.

Il suit de là que les neuf dixièmes des pianos sont habituellement discords, et qu'ils acclimatent ainsi les oreilles des exécutants et des auditeurs à des accords qui, de fait, n'appartiennent plus à aucune gamme. Il est une autre défectuosité dont les conséquences ne sont pas moins graves. En dépit des progrès considérables qui ont été réalisés dans sa construction, le piano n'en reste pas moins un instrument à *sons courts ;* il ne se prête point à l'exécution de compositions à mouvement très lent et à notes soutenues et prolongées ; la mémoire et la pensée de l'auditeur sont obligées ici de suppléer sans cesse à ce qui manque à la durée réelle des sons. Il résulte de là que les pianistes, lorsqu'ils ne sont pas soumis à une discipline très sévère, prennent l'habitude d'altérer les mouvements, de presser ou de ralentir à leur guise sous prétexte de donner de l'expression, mais, en réalité, parce qu'ils ne savent plus obvier dans une certaine mesure à la défectuosité inhérente à leur instrument. Ce travers devient surtout frappant chez certains exécutants, lorsqu'ils essaient de rendre sur le piano des morceaux écrits pour instruments à cordes ou pour orchestre ; c'est ainsi qu'il m'est arrivé d'entendre des mains peu scrupuleuses convertir le sublime

allegretto de la symphonie en *la* de Beethoven en une espèce
de marche au pas accéléré! Les pianistes les plus accomplis
se laissent, en certains moments d'inadvertance, tomber dans
ce défaut. Il me souvient d'avoir assisté (en 1842) à un concert donné au Conservatoire de Paris en mémoire de Beethoven; entre autres compositions du grand maître, le programme
annonçait la sonate en *ré*-mineur pour piano et violon, et le
concerto en *mi*-bémol pour piano avec orchestre. Dans le
premier *allegro* de la sonate, Listz, alors dans la plénitude
de son talent, se laissa aller à une fougue par trop désordon-
née; Allard, qui l'accompagnait, en fut réduit à estropier, j'allais
dire, à *racler* sa partie! Si je me sers de qualifications pareilles, ce n'est assurément pas dans une intention moqueuse;
ce violoniste sympathique, d'un talent si pur et si distingué,
était la victime innocente de l'intempérance de son *partner*.
Dans le *concerto*, les rôles changèrent singulièrement. A
plusieurs reprises, je vis Listz se lever d'un air inspiré, agi-
ter sa vaste chevelure, comme un lion secoue au vent sa cri-
nière, essayer d'entraîner ou de retenir les mouvements, à
son gré trop réguliers; mais le grand artiste, qui alors diri-
geait l'orchestre, n'entendait pas plaisanterie en matière de
rhythme; la baguette de Habeneck savait contenir les plus
impatients, stimuler les plus indolents; bientôt la sybille,
écumant sur son trépied, dut se calmer, le coursier indomp-
table sentit le frein; et, pour parler sans métaphore, Listz fit
ce qu'il avait de mieux à faire: le virtuose sans égal se fit,
avec l'orchestre entier, l'humble, mais inimitable interprète
de l'œuvre du génie; jamais grande œuvre ne fut plus admirablement rendue!

Soyons justes et vrais. En dépit des défauts qu'il est permis de lui reprocher, et dont quelques-uns peuvent être beaucoup atténués par le talent de l'exécutant, le piano, bien
construit, bien accordé et employé avec bon sens, conservera
toujours un beau rôle, non seulement dans nos salons, mais

encore dans nos concerts et au milieu de l'orchestre; le *concerto* de Beethoven dont je viens de parler est une des plus magnifiques preuves qu'on puisse fournir en faveur de cette assertion. Le piano possède d'ailleurs une haute qualité, j'allais dire une vertu, qu'on ne peut trop apprécier : il est l'orchestre du solitaire, de l'exilé! Et puis (une réflexion philosophique n'est jamais de trop), qui est sans reproche en ce monde? Hommes ou choses! Les instruments à archet tiennent à juste titre le premier rang dans notre musique. Le violon cependant a sur la conscience un méfait bien autrement grave qu'aucun de ceux qu'on peut reprocher au piano; à lui me semble revenir la paternité incontestable du *chevrotement*, des sons tremblés ou *trémolés*; c'est, en tout cas, par les violonistes que j'ai pour la première fois entendu pratiquer cet abominable ornement. Aujourd'hui, il n'est plus possible d'entendre produire une note pure et également soutenue. Flûtes, bassons, cors..., gosiers humains mâles et femelles, tous impitoyablement tremblotent; l'orgue même a été doté d'un registre de chevrotement! Un programme perfide m'annonce-t-il le passage d'une voix renommée et me promet-il, par exemple, la sublime prière d'Agathe :

Leise, leise, fromme Weise...[1]

ou la plainte touchante de Florestan :

In des Lebens Frühlingstagen ist das Glück von mir geflohn[2],

aussitôt l'inquiétude me saisit : va-t-elle ou va-t-il chevroter ? Rarement ma peur est vaine! Sur le violon, le tremblotement s'obtient en faisant *rouler* vivement en avant et en arrière, sans glisser, le doigt qui appuie sur la corde; il se produit ainsi un trille, formé, non de tons ou de demi-tons, mais de quarts, de huitièmes de ton. N'étant pas chanteur,

[1] Freischütz. [2] Fidelio.

je ne saurais dire comment il s'obtient avec la voix : mais la
chose n'est pas difficile, à ce qu'il paraît. Violonistes et chanteurs (et orgues de Barbarie) pensent donner ainsi l'*expression*. On oublie qu'un tremblement, quel qu'il soit, est en
définitive un symptôme de faiblesse : nerveuse, musculaire ou
morale, peu importe. Dans la déclamation et dans la musique,
l'emploi des sons tremblés ne peut être considéré que comme
un procédé artificiel, que comme une harmonie imitative,
grossière et sans goût, de l'émotion, de la passion ; il sert à
l'artiste à simuler ce qui lui fait défaut et ce qu'il ne peut
dès lors que fausser chez ses auditeurs.

III

Pour revenir à nos diverses espèces de gammes, je pense que
l'emploi exclusif de la gamme tempérée ne doit être attribué, ni
au piano, ni aux autres instruments à sons fixes. Avec les
instruments à archet, l'exécutant est absolument libre de
donner à chaque note le degré d'acuité qui lui plaît ; et cependant il est obligé de *tempérer* autant que cela a lieu sur le
piano. Sur le tableau qui indique les nombres de vibrations
répondant à chaque note de la gamme scientifique, on voit
que, si le *fa* naturel est de 696 vibrations, le *mi*-dièse n'en
a que 679,7 ; on voit aussi que, si la chanterelle du violon a
0^m,33 de longueur, il faut, pour obtenir le *fa*, placer le doigt
à 0^m,3094 de distance du chevalet, tandis que, pour obtenir
le *mi*-dièse, il faut le placer à 0^m,3168, c'est-à-dire le reculer
de 0^m,0074 ; il est permis de douter qu'aucun violoniste se
laisse jamais amener à faire une pareille différence entre *fa*
et *mi*-dièse. Toutefois, sur ces instruments, accordés tous
aujourd'hui par quintes parfaitement justes et *impossibles*
dans n'importe quelle espèce de gamme, le tempérament
diffère nécessairement un peu de celui qu'on est forcé d'employer sur les instruments à sons fixes ; il se fait en quelque

sorte de *sentiment*; et, quelque singulière que puisse sembler cette assertion, j'ajoute qu'il varie continuellement, et que, rigoureusement parlant, le degré qu'un artiste habile donne à une même note dépend sans cesse du rapport de cette note avec celles qui la précèdent, l'accompagnent ou la suivent.

Notre gamme tempérée, en un mot, ne constitue ni une invention, ni un système; elle repose, à l'insu même de la plupart des musiciens, sur un fait physique et mathématique, auquel nous ne saurions rien changer. Et telles sont les vraies raisons de son emploi général. Dès l'origine de l'usage des sept notes de la gamme diatonique, on a dû s'apercevoir, non seulement dans les combinaisons harmoniques, mais même dans les successions mélodiques, qu'en exagérant la justesse de certaines notes, on portait forcément préjudice à celle d'autres notes. Voilà l'énoncé du fait physique. Sa raison mathématique est que les fractions qui représentent les rapports des vibrations des diverses notes de la gamme ne peuvent se combiner indifféremment dans tous les ordres, sans donner lieu à de nouveaux rapports, qui ne répondent plus à aucun accord juste. La science, qui nous a appris à déterminer si admirablement les rapports nécessaires des vibrations dans les accords, consonnants ou dissonants, est obligée, dans la construction de la gamme, de courber son exactitude aux exigences de l'oreille *et de l'art;* mais, et je ne le dis pas sans une légitime fierté comme physicien, c'est elle-même qui nous apprend clairement le pourquoi de cette concession indispensable, qui nous dit la raison pour laquelle nous ne pouvons accepter la gamme exacte.

Une objection spécieuse cependant peut, semble-t-il, être opposée à ce verdict de la science contre elle-même. Elle est des plus intéressantes à examiner.

Les divers accords que nous employons aujourd'hui n'ont, il s'en faut, pas été admis tous dès l'origine dans l'harmonie; les grands maîtres ont introduit peu à peu dans leurs com-

positions des combinaisons de sons réputées d'abord par trop
dissonantes, et la critique des conservateurs outrés des
règles, disons la critique des sots, n'a jamais manqué de leur
faire expier ces infractions, qui bientôt pourtant passaient
elles-mêmes à l'état de règles. On pourrait donc se demander
si l'habitude et l'éducation n'acclimateraient pas finalement
aussi notre oreille à ces accords, prétendus faux, de la gamme
exacte, et si alors, outre le bénéfice d'un ensemble de consonnances parfaitement justes, nous n'aurions pas celui d'accords d'un effet tout nouveau. Je montrerai bientôt la différence mathématique qui existe entre un accord réellement
faux et un accord si dissonant qu'on voudra d'ailleurs ; mais
voyons d'abord dans quels cas, et sous quelles conditions,
l'oreille peut effectivement *tolérer* des suites de sons absolument anti-musicales, et l'art en tirer même parti.

Ceux de mes lecteurs, peu nombreux sans doute, qui ont lu
la charmante autobiographie du MATOU MOURR[1] se rappellent
un conseil donné aux compositeurs par ce génie précoce, à la
fois artiste, savant et philosophe. « Nous entonnâmes un duo,
tiré d'un opéra tout récent, qui nous réussit à merveille, car
il semblait écrit exprès pour nous. Les célestes roulades s'é-
lançaient perlées de nos cœurs, parce qu'elles consistaient
la plupart en passages chromatiques (j'ai le regret d'avoir
oublié le nom du compositeur ; c'était un fier artiste, à mon
sens). Je saisis cette occasion pour faire observer que notre
espèce est essentiellement chromatique, et que, par suite, tout
compositeur qui voudra écrire pour nous fera très bien d'arranger chromatiquement ses mélodies *et tout le reste*. »
Chacun ne partageait pas cette opinion, paraît-il ; car, tandis
que notre jeune artiste, avec la tendre Miesmie, l'objet de sa
première flamme, et avec son fidèle ami Mucius, exécute un

[1] *Lebens-Ansichten des Katers Murr*, herausgegeben von T. A. HOFF-
MANN.

trio en genre chromatique, une tuile brutale tombe au milieu d'eux, accompagnée d'une imprécation terrible : « Ces maudits chats se tairont-ils une fois! » « O les barbares, dénués de tout sentiment de l'art, qui restent insensibles aux plaintes les plus poignantes des ineffables peines d'amour, et qui ne rêvent que vengeance, mort et destruction ! » Telle est la réflexion méprisante de Mourr à l'égard de notre espèce et de notre sentiment du beau.

Eh bien! que le lecteur ne rie pas, Mourr nous fait un très grand tort, quand il nous reproche de ne pas savoir apprécier le genre chromatique. Ces gammes impossibles que pratiquent certains individus de l'espèce féline, ces longues et lentes traînées de sons qui passent par tous les degrés imaginables de l'échelle et qui nous paraissent à juste titre si horribles dans les concerts de chats, nous les employons nous-mêmes, et forcément, dans bien des cas; notre oreille y semble acclimatée, et non seulement elles ne nous heurtent pas, mais nous en tirons de très bons effets. Mais, *est modus in rebus !* Je dis : nous les employons *forcément.* Il nous est, en effet, impossible, en chantant, de lier deux notes, sans que la voix passe par tous les degrés intermédiaires; il nous est impossible, sur les instruments à cordes et dans les changements de position de la main gauche, de lier deux notes, sans passer aussi par tous les tons intermédiaires. Et cependant ces liaisons, ces *traînées chromatiques*, lorsqu'elles sont faites habilement, ne se perçoivent pas même; et, lorsqu'elles sont faites avec goût, elles deviennent un moyen puissant d'expression, dont l'auditeur ne devine pas l'origine.

Quel est donc le secret de cette tolérance apparente de l'oreille, de cette satisfaction de notre sens musical à l'égard d'un effet hideux en lui-même? Ce n'est assurément pas l'habitude. Pour que le genre de liaison dont nous parlons soit acceptable, il faut que la jonction des deux notes se fasse avec une rapidité suffisante et sans trop d'insistance; il faut surtout que la trainée commence et finisse par une note juste, qui fasse oublier les sons intermédiaires. Hors de là, la liaison, si elle n'est tout à fait intolérable, est du moins de mauvais goût. Soit dit en passant, les virtuoses des gouttières ne sont pas les seuls qui oublient cette règle, que dicte la physique, aussi bien que l'art. Lorsque ces conditions sont remplies, nous supportons au contraire la trainée, quelque longue qu'elle soit. Tous les violonistes connaissent le trille de Mayseder : il s'obtient en faisant glisser un doigt du haut en bas d'une corde, et en frappant le trille avec le doigt suivant. Pour que l'oreille ne soit pas bleesée, il faut que les battements soient très rapides et que les successions de secondes qu'ils produisent soient justes. Si le violoniste supprimait les battements, en faisant ainsi glisser le doigt, il ne produirait qu'un affreux miaulement.

Au fond, et en y regardant de près, nous voyons que notre oreille n'accepte nullement en elles-mêmes ces trainées de sons que Hoffmann appelait, par ironie, *passages chromatiques.* Mais l'artiste, quand il est forcé de les employer, sait les masquer et les placer tellement à l'arrière-plan que leur laideur disparaît et qu'elles rehaussent l'expression des tons justes.

En un mot, et quoi qu'on en ait dit souvent, notre oreille peut, à la vérité, se blaser sur les consonnances fausses, elle peut s'y habituer à force d'en entendre, mais elle ne les accepte pas pour cela, et, par *atavisme*, elle revient toujours aux intonations correctes, quand elle en a le choix. Si jamais, contre toute probabilité, les accords faux de la gamme scientifique devaient faire invasion en musique, ce ne serait que sous une forme artistement déguisée, et ils ne feraient, à aucun titre, partie de l'harmonie proprement dite.

L'étude des diverses gammes et des accords nous place, comme le lecteur a pu le voir, en face d'une sorte de dilemme paradoxal. D'une part, notre oreille réclame des consonnances aussi justes que possible, et, d'autre part, il nous est physiquement impossible de construire une gamme absolument juste. C'est précisément ce dilemme qu'*élude* la gamme, non pas tempérée systématiquement, comme celle que proposait Rameau, mais tempérée *instinctivement* ou *de sentiment*, comme celle qu'emploient les artistes, sur les instruments à cordes, ou les accordeurs de bon sens, pour le piano. Quelques personnes ont voulu expliquer ou même résoudre le dilemme précédent, en disant que la mélodie et l'harmonie sont deux choses distinctes de nature, que, par suite, la gamme de l'une ne peut convenir à l'autre. Mais cette assertion, outre qu'elle ne réduit pas la difficulté pratique du problème, constitue bien certainement une erreur de physique et de musique. Il est sans doute plus difficile à notre oreille d'apprécier la justesse d'une consonnance, lorsque nous entendons séparément les tons qui la forment, que quand nous les entendons simultanément ; mais cette difficulté dérive d'un défaut d'exercice et peut être vaincue complétement ; elle n'implique, en aucune façon, une différence de nature entre la perception successive et la perception simultanée des tons. Les sons qui se suivent dans une mélodie forment tout aussi bien entre eux des accords, consonnants ou dissonants, que ceux que nous entendons à la fois dans un accord proprement dit. C'est la mémoire correcte de ces accords qui permet uniquement à un chanteur, par exemple, de chanter juste une mélodie privée temporairement d'accompagnement. Comme exemple entre mille de ce genre, je cite le suave et céleste adieu de Lohengrin au cygne[1] ; malheur au chanteur s'il allait, tandis qu'il est abandonné à lui-même, imaginer une gamme, une tonalité autre que celle que, de cinq en cinq mesures, vient lui offrir l'orchestre dans l'accord *la-ut*-dièse! Tel est, dans l'erreur dont je parle, le côté que condamne la physique même. Au point de vue purement musical, l'erreur est peut-être

[1] *Lohengrin*, opéra romantique en trois actes, musique et paroles de Richard Wagner.

plus grande encore, du moins *aujourd'hui*. Je m'explique, quant à cette espèce de réticence, à l'aide d'une citation, qui sera saisie de tous mes lecteurs s'occupant un tant soit peu sérieusement de musique. Les quatuors, pour instruments à cordes, de Haydn, de Mozart, et d'ailleurs de beaucoup d'autres compositeurs plus modernes, si différents entre eux, si originaux qu'ils puissent être, revêtent cependant généralement une forme commune. Ils présentent une partie principale (mélodie, traits, etc.) exécutée par l'un des instruments, avec accompagnement des trois autres. La mélodie, le chant, tout en alternant souvent d'un instrument à l'autre, se détache nettement de l'accompagnement et de l'harmonie, qui servent à le faire ressortir en formant, en quelque sorte, l'arrière-plan. Je dis généralement; il me serait facile de citer cependant quelques exceptions remarquables à cette forme commune; et je me hâte de dire qu'en m'énonçant comme je viens de le faire, ce n'est point une sorte de critique malséante que je fais. Parmi les œuvres dont il est question, il se trouve des chefs-d'œuvres du genre, qui resteront éternellement beaux et neufs. Les premiers quatuors de Beethoven, ceux que l'on entend le plus fréquemment, revêtent aussi en partie cette forme, quoique avec de profondes modifications déjà; une tendance nouvelle s'y montre, en effet, de plus en plus marquée. A partir du onzième quatuor (*fa*-mineur), la transformation est complète. Les onzième, douzième, treizième, quinzième et seizième constituent des créations à part et une musique nouvelle. Je ne serai démenti par aucun artiste sérieux, lorsque je dirai que ces œuvres sont jusqu'ici sans égales; sur le domaine modeste de ce qu'on est convenu d'appeler musique de chambre, le pas accompli par Beethoven est aussi immense, ce génie immortel s'y révèle d'une manière aussi puissante, que sur le domaine de la symphonie. Dans cette musique grandiose, les quatre parties forment un tout indissoluble; l'accompagnement, avec tout l'ensemble des effets harmoniques, y devient lui-même un chant d'un caractère à part, qui se fond dans la pensée principale et la complète. Soit dit en passant, c'est peut-être cela, plus encore que la grandeur même de la pensée, qui fait que ces dernières œuvres ne sont pas saisies de prime abord par des intelligences non préparées, et ce qui les fait comprendre généralement sous le titre de *musique savante*, alors qu'elles sont précisément tout le contraire, alors qu'elles découlent de l'inspiration la plus pure ! Quoi qu'il en soit, il y aurait un non-sens criant à voir encore ici dans la mélodie et l'harmonie deux choses distinctes en nature, même au seul point de vue de la physique des sons.

Nous voyons très nettement jusqu'ici comment la science accompagne l'art, comment l'acoustique *côtoie* la musique, sans jamais se confondre avec elle. L'art puise dans la science la connaissance intime des éléments avec lesquels il crée ; la science précise les lois fondamentales des combinaisons de ces éléments entre eux, en faisant plier toutefois son exactitude mathématique devant les exigences de l'art ; mais, ici même encore, elle explique le pourquoi de cette concession nécessaire. La marche naturelle de cet exposé va nous conduire à des questions de plus en plus élevées, dans l'examen desquelles le même fait nous frappera.

IV

L'une des premières, qui s'est présentée à nous au début même, est celle-ci : la science peut-elle expliquer l'action des sons et de leurs combinaisons sur la partie sensitive de notre être ? Ainsi posée, la question est presque purement physiologique et peut se faire identiquement quant à tous nos autres sens, quant à toutes nos autres sensations. Pour y répondre, il faudrait que nous connussions le mécanisme précis de nos sens (système nerveux), la nature intime de l'agent (électricité) qui y est en jeu, et enfin la nature intime de notre être pensant et sentant (âme). La science nous conduira tôt ou tard à la première de ces connaissances ; des progrès considérables ont été faits déjà dans cette direction. Ainsi que je l'ai montré dans un ouvrage spécial[1], nous ne pouvons arriver à la seconde connaissance qu'en éliminant successivement toutes les hypothèses fausses ou absurdes, quant à la nature de l'agent intermédiaire ; toutefois, comme celui-ci n'est pas, ainsi qu'on l'a admis si longtemps, spécial aux êtres vivants, mais se manifeste partout dans la nature, la puissance de la science reste encore très étendue dans ce travail d'élimination des erreurs possibles d'interprétation. Il n'en est plus de même quant à la troisième espèce de connaissance, celle qui concerne la nature de notre propre être et de ses rapports avec le monde externe ; nous pouvons encore, dans une certaine mesure, arriver à savoir ce qu'il n'est pas ; mais, en ce monde, nous n'aurons jamais la plus légère notion de ce qu'il est réellement, car notre être ne saurait s'inspecter et s'étudier lui-même. Et, quant à nos rapports avec l'extérieur, nous nous trouvons dans une double impossibilité contradictoire ; nous ne pouvons pas plus nous concevoir un seul instant privés de ces rapports que nous ne pouvons concevoir le *comment* de leur existence.

Toutefois, si, au lieu de chercher à sonder la nature des choses, nous acceptons comme un fait expérimental pur et simple nos relations avec le monde externe par l'intermédiaire de nos sens, et si nous nous bornons à en étudier les lois, la question change. A côté de la réponse éternellement négative en ce monde, s'en présente une qui devient affirmative ; à côté d'une porte à jamais fermée au savoir humain, s'en trouve une que la science a déjà entr'ouverte et qui, sans aucun doute, s'ouvrira de plus en plus. Mais, en ce sens limité même, les progrès de la science ont été très inégaux, selon les diverses

---

[1] *Analyse élémentaire de l'Univers.*

espèces de sensations à étudier. C'est dans l'étude des phénomènes de la vision et de l'ouïe qu'ils ont été le plus considérables.

J'aurai ici à continuer identiquement ce que j'ai fait depuis le début; j'aurai à signaler des résultats très beaux et incontestables; mais j'aurai aussi à rabattre certaines assertions de la science, qui sont tout au moins temporairement trop ambitieuses.

Nous avons vu que, pour chaque accord, la physique a déterminé rigoureusement le nombre relatif de vibrations des sons qui le produisent. C'est ce que j'ai déjà montré sous diverses formes, et j'y reviens sous une nouvelle face.

Nous avons vu que la gamme en *ut*-majeur est, arithmétiquement parlant, formée par la suite de rapports :

UT $\frac{9}{8}$ RE $\frac{10}{9}$ MI $\frac{16}{15}$ FA $\frac{9}{8}$ SOL $\frac{10}{9}$ LA $\frac{9}{8}$ SI $\frac{16}{15}$ UT

ou si nous prenons pour point de comparaison la note fondamentale :

SECONDE	TIERCE	QUARTE	QUINTE	SIXIÈME	SEPTIÈME
1 $\frac{9}{8}$	$\frac{5}{4}$	$\frac{4}{3}$	$\frac{3}{2}$	$\frac{5}{3}$	$\frac{15}{8}$

La seule inspection de ces diverses fractions nous fait apercevoir ce qui caractérise mathématiquement un accord juste. Toutes, en effet, constituent des rapports simples et faciles à saisir. Si au rapport $2:3$, ou $522:783$, qui représente la quinte *ut-sol*, nous substituons, par exemple, les nombres pris au hasard $527:789$, nous avons, arithmétiquement, une fraction difficile à saisir, *irréductible*, et, musicalement, nous avons une *quinte fausse*. Mais comment la simplicité arithmétique ou la complexité répond-elle à une sensation, soit agréable, soit pénible? La forme mathématique du phénomène est connue. Mais quelle en est la raison première? M. Helmholtz a cherché à donner une solution, en partant de considérations basées sur la structure anatomique de l'oreille, et en se fondant sur d'autres données encore. Il semble résulter d'études très exactes que l'oreille renferme une sorte d'appareil musical dont les cordes, en nombre prodigieux, sont accordées chacune pour un ton particulier et se mettent à vibrer, dès que les ondes de ce ton les frappent, mais seulement dans ce cas. Quelque correctes que l'on suppose des recherches anatomiques aussi délicates et difficiles, quelque valeur que puissent avoir les conclusions qui en ont été tirées, je ne puis m'empêcher de dire que la difficulté principale n'est pas résolue par elles. Quand bien même l'appareil auditif serait, comme cela est d'ailleurs très admissible, disposé de manière à analyser et à trier les sons, c'est, en dernière analyse, toujours *nous* qui, à notre propre insu, établissons le rapport mathématique des sons entre eux, et qui sommes impressionnés par la justesse ou la fausseté du résultat ; peu importe d'ailleurs ce que telle ou telle école de philosophie voudra faire de ce *nous*. En un mot, la question qui nous occupe est d'abord toute de physique, passe ensuite sur le domaine de la physiologie, et puis, en dernier lieu, s'arrête sur celui de la psychologie. Je suis loin de dire que, sur ce terrain, elle devienne absolument insoluble ; je pense seulement que les explications tirées de la physique pure échouent nécessairement ici.

Si la loi mathématique qui détermine la justesse ou la fausseté d'une consonnance se saisit à première vue, il ne me semble plus en être ainsi de celle qui fait que tel accord nous apparaît comme consonnant et tel autre comme dissonant.

Que le lecteur me pardonne si j'interviens personnellement dans la discussion et si je cesse de parler collectivement, au nom de la science. Je le fais par un sentiment naturel de réserve et de modestie, parce que mon opinion diffère de celle de plusieurs physiciens éminents de notre époque, aux yeux desquels la question semble facile, et aussi parce que, selon moi, en matière de consonnances et de dissonances, chacun en est réduit à juger d'après ses propres impressions.

On dit qu'un accord de deux notes, de deux tons, est d'autant plus consonnant, plus agréable, que le rapport des nombres de vibrations est plus facile à saisir, et aussi que les sons harmoniques, qui accompagnent toujours les sons fondamentaux, sont eux-mêmes ensemble dans un rapport plus simple. Tout d'abord, et en ce qui concerne cette dernière raison, je ferai remarquer que, puisque le timbre des divers instruments dépend de la prédominance particulière de tels ou tels sons harmoniques sur tels ou tels autres, ou plus généralement encore de la forme interne des ondes sonores, il devrait arriver qu'un accord, très consonnant sur un instrument, le fût beaucoup moins sur un autre, et surtout que, si l'un des sons était donné par tel instrument et l'autre son par tel autre, la consonnance fût altérée; ce fait, à ma connaissance, n'a jamais été signalé. En ce qui concerne l'effet de la simplicité plus ou moins grande des rapports numériques des vibrations sur le degré de consonnance, je ferai remarquer que, si cette face de l'interprétation était correcte, ce degré de consonnance devrait aller en diminuant rapidement depuis la quinte (2 : 3) jusqu'à la tierce mineure (6 : 5), qui, numériquement, tient le milieu entre la quinte et la dissonance bien franche de seconde (9 : 8). Or, si je pars de mon impression personnelle, je dirai que la tierce mineure m'est tout aussi agréable que la quinte, et qu'il en est de même de la sixte (tierce mineure renversée), exprimée numériquement pourtant par une fraction qui est fort loin d'être simple (5 : 3). Comme mathématicien, je l'avoue d'ailleurs, il m'est impossible d'apercevoir en quoi la fraction 9 : 8 (accord de seconde majeure) est plus difficile à saisir que la fraction 5 : 3.

Il est peut-être plus facile d'apercevoir la raison mathématique de la dissonance ou de la consonnance d'un accord formé de plusieurs tons. Si nous réduisons au même dénominateur la suite de fractions qui forment la gamme en *ut-*

majeur, par exemple, nous arrivons à la série des nombres
suivantes :

UT	RE	MI	FA	SOL	LA	SI	UT	RE	MI	FA
24	27	30	32	36	40	45	48	54	60	64

SOL	LA	SI	UT
72	80	90	96.

L'accord le plus consonnant de tous, l'accord parfait *ut-mi-sol*, est donc donné par les nombres relatifs de vibrations 24-30-36. Ces nombres procèdent, comme on le voit, par différences arithmétiques égales (6), et, de plus, cette différence est elle-même avec le nombre fondamental 24 dans le rapport très simple de 1 à 4. Il n'en est nullement ainsi de l'accord complet, dissonant et caractéristique, de septième, *sol-si-ré-fa* ; les différences (9, 9, 10) qu'on obtient en ce cas sont inégales et dans un rapport complexe avec le nombre de la note fondamentale : 9 : 36 et 10 : 36. Je me hâte de dire que je n'indique qu'une sorte d'expression numérique des faits et que je n'explique rien. Un autre fait frappant se présente à nous ; il est généralement admis, si je ne me trompe, de sorte que je n'ai plus à le discuter d'après ma seule impression personnelle. Notre oreille ne tolère pas de la même manière les altérations même légères que nous faisons subir à la justesse des divers accords, et c'est sur ce fait que repose la manière la plus correcte d'accorder le piano. La plus minime altération apportée à un ton qui doit être à l'unisson ou à l'octave avec un autre produit un effet intolérable. Immédiatement après vient la quinte ; il me paraît très douteux qu'une oreille délicate accepte jamais pour la quinte *ré-la* le rapport 587,25 : 870, donné par la gamme dite exacte, alors que la quinte rigoureusement juste exigerait les nombres de vibrations 580 : 870. A l'autre extrémité, là où l'oreille supporte le mieux une altération, c'est l'accord de seconde, majeure et surtout mineure, qui se présente. La confiance des physiciens en cette tolérance va toutefois, je pense, beaucoup trop loin, lorsqu'ils proposent de substituer le demi-ton artificiel donné par le rapport 24 : 25 au demi-ton naturel donné par le rapport 15 : 16. Cette plus grande tolérance de notre oreille dans un cas que dans l'autre s'expliquerait arithmétiquement, si elle allait en croissant régulièrement depuis la quinte jusqu'à la seconde mineure, c'est-à-dire si elle augmentait avec les nombres des vibrations qui forment les numérateurs et les dénominateurs de nos fractions ; mais c'est là ce qui n'a pas lieu du tout. Les tierces, majeures ou mineures, supportent de légères altérations tout aussi bien que la quarte, et mieux, à mon avis du moins, que la sixte.

En résumé, tout en admettant qu'il existe à la fois une raison physique et une raison physiologique sur lesquelles repose la différence que nous faisons entre les accords consonnants et les accords dissonants, tout en admettant que ces raisons sont déjà entrevues, je pense pouvoir dire, sans faire tort à aucun savant, qu'elles sont loin d'avoir encore le caractère de netteté et de certitude qu'on est en droit de désirer ; j'ajoute qu'à côté de ces raisons, physique et physiologique, il s'en trouve nécessairement une troisième toute psychologique, que l'homme ne connaîtra jamais ici-bas.

V

La marche naturelle de cet exposé nous conduit enfin en face d'une des questions les plus élevées qui se puissent présenter à nous, de l'une de celles qui ont été le plus débattues, tacitement ou ouvertement ; car elle s'impose à toute doctrine de philosophie qui a la prétention d'interpréter logiquement la nature de l'homme.

La science, nous sommes-nous demandé, peut-elle aller beaucoup plus loin encore, peut-elle expliquer l'impression de la musique sur notre être pensant ?

D'après l'ensemble des vues que j'ai développées dans ce travail, le lecteur, sans doute, devine déjà la réponse qu'au nom de la science elle-même, je ferai à cette question. Dès la première phrase, j'ai appelé la musique : l'art le plus dégagé des réalités de ce monde, l'art dont l'instinct divinatoire des poëtes a fait la langue des anges. En langage scientifique, cela signifie que, plus que les autres arts, plus que la poésie même, la musique, tout en arrivant à nous par l'intermédiaire obligé des sens, s'adresse pourtant en dernière analyse à ce qu'il y a de plus pur en nous, à cette partie de notre être dont, en dépit de toutes les négations systématiques, le simple bon sens, aussi bien que la raison du savant, fait un principe distinct des éléments de notre corps. Cela signifie, en un mot, que la pensée musicale, comme la notion du beau en général, n'appartient qu'à l'âme, et, je l'ajoute formellement, ne peut s'expliquer que par l'âme.

Qu'il me soit permis de citer l'opinion du savant éminent auquel la physique des sons, l'acoustique, doit certainement ses progrès récents les plus considérables, et qui aurait eu le plus le droit de hasarder une explication de physique pure pour rendre compte de l'action de la musique sur nous.

« La sensation de l'accord musical pur n'est certainement que le premier degré de la beauté musicale. La consonnance et la dissonance ne sont, par rapport à la beauté intellectuelle de la musique, que des moyens, mais des moyens réels et puissants. Dans la dissonance, le nerf acoustique est tourmenté par le choc de sons incompatibles; il désire entendre la consonnance paisible et pure de sons harmonieux; il se sent attiré vers la consonnance, et, lorsqu'il la trouve, il s'y complaît. La consonnance et la dissonance ralentissent ou activent alternativement l'écoulement des sons, et notre intelligence admire, dans leurs mouvements invisibles, l'image de ses propres idées et de ses propres sentiments. Elle saisit le mouvement rhythmique toujours varié des ondes sonores, comme sur le bord de la mer elle admire le mouvement des vagues. Dans ce dernier spectacle, l'observateur, en présence de forces naturelles mécaniques, agissant aveuglément, n'emporte finalement qu'une impression de désert; dans l'exécution d'une œuvre artistique, les mouvements suivent, au contraire, les flots de pensée de l'âme de l'artiste. Tantôt les ondes sonores s'écoulent doucement, [tantôt elles scintillent agréablement, tantôt elles ont tous les accents de la passion; elles font passer, avec leur vigueur primitive, les sentiments inconnus que l'artiste a dérobés à son âme, dans celle de l'auditeur, qu'elles transportent dans les régions de l'éternelle beauté, qu'un petit nombre de favoris de la divinité a reçu mission de nous faire connaître. — Mais ici s'arrête la science. »

C'est par ces belles paroles que M. Helmholtz a terminé une conférence sur les causes physiologiques de l'harmonie musicale, tenue à Bonn.

C'est en effet là que s'arrête la science, appliquée à l'interprétation physique et physiologique de la puissance de l'art musical. Sans franchir les termes admissibles, M. Helmholtz a cependant été en ce sens aussi loin que possible. Mais ce n'est point ici, il s'en faut, qu'est borné ce qui, dans nos sciences, est plus beau peut-être que la connaissance même des phénomènes, si complète qu'elle soit, qu'est bornée la force de la *méthode scientifique*, employée à tirer des conclusions de cette impuissance apparente de la science, employée à découvrir ce qui découle naturellement de la distinction de l'art et de la science. Sans faire aucun programme, il me sera, je pense, permis de marcher, aussi loin que possible, dans cette direction avec mes lecteurs.

J'ai entendu bien des personnes, d'ailleurs intelligentes et ne manquant pas même totalement du sens musical, dire que la musique ne saurait exprimer des idées, qu'elle est un art tout de sensations, et que ce qui le prouve le mieux, c'est que, sans l'exécution instrumentale ou vocale, sans l'audition, il

n'existe plus même de musique. Il y a dans une telle assertion une double erreur trop criante pour que je ne la mette
pas en pleine lumière. Je n'ai, il me semble, pas besoin
de consacrer beaucoup de temps à établir qu'une phrase
musicale quelconque, belle ou laide, noble ou triviale, est par
elle-même une idée. La possibilité des épithètes que j'emploie,
et que personne ne récusera, justifie mes assertions mieux
que tout raisonnement. Personne au monde ne les appliquera
jamais à une odeur, à une saveur, à une sensation quelconque !
la question est seulement de savoir si la pensée, si l'idée musicale ne peut naître en nous ou nous arriver du dehors et
nous émouvoir que sous la forme d'une suite de sensations.
Certes, une belle œuvre musicale nous émeut bien plus, lorsque
nous l'entendons exécuter convenablement, que lorsque nous
nous la reproduisons par souvenir, si vif que puisse être ce
souvenir ; certes, une symphonie nous remue plus profondément, quand elle est rendue par un bon orchestre, que quand
elle ne l'est que par le piano seul, par exemple, ou que quand
nous en lisons simplement la partition. Tout cela est incontestable et il faudrait être insensé pour le nier ; mais qu'en
résulte-t-il ? Un beau tableau, un monument grandiose d'architecture nous impressionnent-ils donc par hasard autant,
quand la mémoire la plus fidèle nous les retrace, que quand
nous sommes en leur présence ? Il n'a jamais passé par la
tête d'aucun homme raisonnable de dire que l'art dramatique
ne repose que sur des sensations ; et cependant, qui pourrait
nier qu'une grande œuvre ne nous émeuve pas infiniment
plus, quand, au théâtre, elle est rendue *vivante* par de grands
artistes, que quand nous nous bornons à la lire ? Je suis
loin de dire qu'il n'y ait pas, quant à l'impression produite
sur nous, une différence en ce sens entre une œuvre musicale et une poésie, selon que nous les entendons, l'une bien
exécutée, l'autre bien déclamée, ou que nous nous bornons à
les lire. Toutefois, la différence repose au moins autant sur un

défaut d'éducation musicale que sur l'essence des deux genres de beauté. Nous apprenons à parler avant d'apprendre à chanter ou même seulement avant d'entendre de la musique; nous apprenons à lire et à écrire longtemps avant qu'on nous enseigne tant bien que mal l'écriture et la lecture de la musique. Une éducation convenable diminuerait singulièrement la différence des effets de ces deux genres de lecture sur nous. J'ajoute qu'en nous prenant même tels que nous fait notre éducation actuelle, toute personne ayant le sentiment de l'art préférera de beaucoup s'en tenir au souvenir vif et correct d'une belle œuvre musicale, plutôt que de se risquer à l'entendre interpréter par des artistes peu scrupuleux quant au rhythme, ou habitués à *checroter*, ou capables de prendre trop au pied de la lettre les préceptes chromatiques du matou Mourr !

Je complète la discussion précédente par une preuve en quelque sorte parlante, dont l'évidence frappera chacun. Comment un artiste pourrait-il composer, d'un jet et sans tâtonnements, une symphonie, une œuvre pour orchestre avec chœur, s'il n'entendait nettement et vivement toutes les mélodies, toutes les harmonies, avec tous leurs timbres variés, à mesure qu'elles prennent l'être dans son âme? Je connais, il est vrai, des personnes qui s'imaginent que, pour écrire, un compositeur s'assied à son piano et laisse ses doigts errer à l'aventure sur les touches; d'où il résulterait que ce seraient les doigts qui créeraient, et que l'intelligence se bornerait à inscrire ! Je ne cite que pour mémoire cette explication passablement plaisante. Chacun sait, par des récits d'anecdotes, comment écrivaient Haydn, Mozart. Ce n'était point au piano, assurément ! ... Le plus grand parmi les grands créait, tandis qu'il errait à pas rapides dans la campagne, dans une forêt, ou assis sur le tronc fourchu d'un vieil arbre. Beethoven, on le sait, a eu l'infortune de perdre l'ouïe dès le milieu de sa vie; il ne lui a pas été donné d'entendre les

chefs-d'œuvre de la dernière partie de sa carrière: la création
la plus immensément belle qui soit sortie d'un cerveau
humain, la symphonie avec chœur est, dans ses *effets de sensations physiques*, restée une inconnue pour lui ! Je n'ajouterai
rien de plus. Je dirai seulement, en passant, que, pour quiconque sait réfléchir, la musique, bien loin de ne reposer que
sur des impressions physiques, est, dans son existence même,
une des preuves les plus frappantes de l'existence d'un principe immatériel pensant dans l'homme.

Je pense que personne ne prendra en mal à un physicien
d'appliquer sa méthode scientifique pour aboutir à une telle
assertion.

VI

Je viens de parler d'un défaut d'éducation musicale. J'ai
à revenir sur ce sujet à deux points de vue distincts. Je l'exa-
mine une première fois sous une forme digressive, que
chacun cependant me pardonnera, je l'espère.

En parcourant la biographie des compositeurs modernes,
on est saisi d'une émotion profonde et douloureuse devant le
sort de plusieurs d'entre eux ; disons, de tous ceux qui, se
sentant la puissance d'ouvrir à l'art des vois nouvelles, ont
eu l'abnégation, la conscience et le courage de ne pas sacrifier
au goût du jour et de persévérer dans le beau, tel qu'ils le
concevaient. Ceux-là, presque sans exception, ont plus d'une
fois en leur vie dû « manger leur pain trempé de larmes ».
Je n'ai point à rappeler les sottes critiques, les niaises tracas-
series dont Beethoven a été l'objet, parfois même de la part
d'amis, compétents en apparence ; on sait que ses dernières
œuvres, les plus grandioses, ont passé pour celles d'un fou ;
je ne suis pas convaincu que, *in petto*, ce ne soit pas là encore
l'opinion de certains critiques. Si je n'avais pour principe de
laisser *aux morts la paix*, je pourrais citer d'étranges correc-

tions qu'un historien célèbre de la musique, compositeur lui-même, a tenté de faire, entre autres, à la symphonie pastorale, alors en gravure à Paris ; heureusement l'épreuve passa avant le tirage entre des mains plus scrupuleuses et plus sensées (j'ai dans ma bibliothèque une partition de la symphonie avec chœur, que je soupçonne très fort d'avoir éprouvé une avarie de même origine). On sait combien amers ont été les derniers jours de Weber ; il a eu l'étrange satisfaction d'assister de loin au plein succès de son Freischütz, lacéré et *approprié aux exigences de la scène parisienne* par un habile, dont il a aidé à faire la fortune. Et notre pauvre Berlioz!... Si je n'en étais empêché par un devoir de discrétion, je donnerais de curieux et navrants détails sur les luttes et les épreuves qu'a eu à subir cette nature énergique. Aujourd'hui la justice se fait lentement, *pede claudo* ; on commence à reconnaître que la France a perdu en Berlioz un de ses grands hommes. — Il y a eu sans doute dans toutes les carrières intellectuelles des hommes éminents, méconnus et malheureux ; le nombre n'en est que trop grand, hélas ! Mais on est pourtant frappé de ce fait, c'est que les peintres, les sculpteurs, les poëtes célèbres ont tous, à de bien rares exceptions près, conquis de leur vivant déjà la plus belle partie de leur renommée, tandis que c'est précisément le contraire qui a lieu pour les grands compositeurs, à certaines exceptions près aussi, dont il est facile d'apprécier l'origine.

Le fait que je signale, et dont la réalité ne peut échapper à personne, repose directement sur les conditions essentielles de la perception du beau. Pour que nous puissions saisir et comprendre dans son ensemble une œuvre d'art d'un caractère élevé et d'une valeur réelle, il faut de toute nécessité que nous soyons assez longtemps en présence d'elle pour que notre mémoire puisse en retenir les plus minimes détails et que notre intelligence soit ainsi mise à même de saisir les rapports des parties. Ces conditions peuvent toujours être remplies quant à une œuvre de peinture, de sculpture, de poésie. Par suite de notre éducation et de nos habitudes, elles le sont encore quant à une œuvre dramatique, du moins dans une certaine mesure. Il n'en est nullement ainsi quant à des œuvres musicales quelque peu développées et compliquées. Dans l'exécution d'une symphonie, d'un opéra, d'une œuvre étendue quelconque, les mélodies avec leurs développements, les harmonies, les diverses formes des accompagnements, passent *au vol* devant notre esprit et se répètent rarement assez souvent pour se graver définitivement dans la mémoire la plus exercée ; elles ne nous saisissent et ne nous impressionnent ainsi que d'une manière transitoire ; nous ne saurions apercevoir leur dépendance et le rôle de chacune dans l'ensemble de l'œuvre. Que dis-je ? c'est à peine si nous saisissons toujours le vrai caractère de l'une ou l'autre, prise isolément. En un mot, et pour nous résumer, il est impossible à l'intelligence musicale la mieux dotée de comprendre, de s'assimiler et de juger correctement, d'après une seule et première audition, une œuvre musicale étendue, d'un caractère sérieux et élevé. La lecture patiente de la partition, ou l'audition répétée un nombre de fois suffisant, ne fût-ce d'abord qu'au piano, est une condition imposée à quiconque veut juger équitablement une grande œuvre.

M. Helmholtz dit avec vérité qu'un petit nombre d'élus ont reçu du ciel la mission de *nous* transporter dans les régions de l'éternelle beauté ; mais, pour que ce *nous* devienne collectif, pour qu'il ne se réduise pas lui-même à un nombre restreint de favorisés, il faut du moins encore que chacun, de son côté, fasse quelques efforts pour s'élever, et qu'il se montre digne de ce qui lui est envoyé d'en haut. Ce n'est point de cette oreille, c'est bien ici le cas de le dire, qu'entend le gros du public. En allant écouter pour la première fois un opéra, un oratorio, une symphonie, chacun, sans préparation aucune, s'institue juge et se dispose à user à l'occasion du droit brutal qu'à la porte il acquiert en payant; si, dans l'œuvre, *qu'il entend* parfois sans *l'écouter*, il ne trouve pas immédiatement quelques points saillants et saisissables qui l'impressionnent, la fatigue arrive, et avec elle l'impatience, la critique impertinente. Pour bien des personnes, d'ailleurs, il faut en convenir, la musique est un *art d'agrément:* elle implique essentiellement la gaîté; toute pensée de sérieux semble incompatible avec elle. Pendant l'un des passages les plus sombres de la tragédie [1] d'Antigone, alors que le chœur vient dire la sinistre fatalité du destin, une voix me souffla à l'oreille d'un ton de mépris : « Quand tout va de travers, ceux-là s'amusent et chantent. » Cette réflexion judicieuse de mon voisin à l'Odéon résume l'opinion de bon nombre de gens. Ce ne sont pas là toutefois les auditeurs les plus indignes; bien guidés, beaucoup d'entre eux finissent par sentir et comprendre. Les pires sont ceux qui, sans être plus capables de comprendre en une première fois, arrivent avec un jugement tout fait que leur a inculqué quelque érudit. « C'est de la pyrotechnie et non de la musique! » me dit à haute voix un inconnu qui assistait, à côté de moi, à la première représentation [2] de Freischütz au Grand-Opéra; voilà tout ce que cet

[1] La tragédie de Sophocle, traduite très fidèlement, a été montée avec beaucoup de soin à l'Odéon, à Paris. La musique des chœurs, ou, plus correctement, la musique des diverses entrées du chœur antique, avait été écrite par Mendelssohn. Elle a été analysée très favorablement par différents critiques et, en tête, par Berlioz. N'ayant entendu qu'une seule fois cette œuvre du grand compositeur, je ne hasarderai aucun jugement; je dirai seulement que, comme de raison, le caractère général de ces chœurs n'a absolument rien de commun avec la joie.

[2] On se rappelle que Freischütz a été représenté, avec un grand luxe de mise en scène, à l'Opéra de Paris. Les récitatifs, très remarquables, avaient été composés par Berlioz; la musique des ballets était tirée des compositions de Weber même, très bien choisies aussi par Berlioz, qui avait, entre autres, magnifiquement orchestré l'*Invitation à la valse*, l'un des plus beaux morceaux de piano de Weber.

J'affirme ici que, quoi que l'on en ait dit, la superbe partition de Weber n'a en cette occasion été, dans son ensemble, ni bien rendue par les auditeur prévenu avait compris à la scène sans pareille de la fonte des balles. « Quelle jolie chose que cette symphonie pastorale[1] ! ce chant d'oiseau après l'orage !» disait une dame sortant d'un concert du Conservatoire de Paris. « Bah! ce n'est plus de la musique, cela ! » lui fut-il répondu, d'une voix qui n'admettait point la réplique. La dame, après tout, ne disait qu'une sottise, en oubliant la place du chant d'oiseau, qu'elle admirait; monsieur son mari, au contraire, qui évidemment avait été renseigné à l'avance par un savant connaisseur, appliquait, à tort et à travers, à cette admirable œuvre tout entière, une critique qui ne porte juste que sur huit mesures de l'*andante* (c'est, soit dit en passant, la seule fois que Beethoven se soit permis de l'harmonie imitative réelle, et il l'a fait d'une façon charmante. On peut pardonner à Hercule de badiner une fois en sa vie). Je dis que les pires sourds en musique sont ceux qui ne veulent pas entendre. Des intelligences, en quelque sorte incultes et étrangères à l'étude de l'art, pourvu qu'on ne les ait pas prévenues et qu'elles soient douées de bonne volonté, finissent toujours, à force d'entendre répéter une grande œuvre, par en saisir au moins certaines parties et par en être émues. C'est ce qui explique parfaitement comment tant de belles créations musi-

acteurs, ni bien comprise par le public. Je ne sais s'il en a été autrement depuis au Théâtre-Lyrique ; je me permets d'en douter. Le libretto de Freischütz, contre l'ordinaire, admirablement conçu et écrit d'un bout à l'autre, ne peut, selon moi, être traduit et transporté sur la scène française, sans perdre considérablement de son caractère et sans devenir par places presque puéril. Et, quoi qu'on fasse, l'effet de la musique en est atteint par contre-coup.

[1] La symphonie pastorale est formée de cinq parties : 1° Le *premier allegro*, sensations douces en arrivant à la campagne; 2° l'*andante*, scène près du ruisseau; 3° le *menuet*, réunion joyeuse de villageois; 4° l'*orage*; 5° le *final*, chant des bergers. Ces trois dernières parties ne peuvent être disjointes. C'est à la fin de la seconde que Beethoven a reproduit, d'ailleurs sous la forme la plus musicale, le chant du rossignol, de la caille et du coucou.

cales, après avoir été accueillies avec défaveur, parfois avec
de viles huées, ont fini par exciter l'enthousiasme d'un même
public. Je pourrais citer des milliers d'exemples à l'appui de
cette assertion ; je m'arrête à un seul, qui est tristement
caractéristique, et qui est tout récent encore. Ainsi que
presque toutes les grandes œuvres de Berlioz, la *Damnation
de Faust* a été, à l'origine, accueillie avec plus que de la
défaveur ; aujourd'hui, cette musique transporte la foule, qui
naguère était disposée à la siffler. Telle sera indubitablement
la fin glorieuse de *Benvenuto Cellini*, des *Troyens*..., tom-
bés dès les premières représentations, sans que le public se
soit même donné la peine d'écouter. Telle sera, à Paris aussi,
celle de *Lohengrin*, des *Maîtres chanteurs*, de *Tristan et
Iseult*..., dont les noms seuls excitent aujourd'hui, dans certains milieux, des grincements de dents et un déchaînement
de passions, absolument étrangers à la question d'art.

La remarque précédente est rassurante sans doute, au
point de vue de l'art en général. Elle peut suffire à certains
philosophes, qui planent au-dessus de ce monde (lorsque leur
existence est assurée sur terre) : « Le beau, disent-ils, peut
être voilé quelque temps, mais il est impérissable dans son
essence. » On ne saurait exiger, en vérité, qu'elle inspire la
même quiétude à l'artiste, qui, après tout, est homme aussi,
et qui a besoin du pain quotidien du corps et de l'esprit.
L'assurance d'être admiré d'ici à vingt ans, et d'avoir enfin
droit au soleil, quand peut-être il aura quitté cette terre, ne
saurait lui être adjugée comme une consolation suffisante.
Il me semble que cette remarque devrait être pour tous un
grand enseignement. Si elle concerne plus particulièrement
le sort des grandes œuvres musicales, et par contre-coup celui
des compositeurs, elle n'en est pas moins générale ; elle ne
s'applique que trop souvent à toutes les œuvres de l'intelligence et à la destinée de tous les hommes qui apportent leur
quote-part au développement de l'esprit humain. — Foules

toujours prêtes à acclamer les génies malfaisants qui, sous le prétexte d'une vaine gloire, ne vous conduisent qu'à la destruction et à la ruine, et qui perpétuent parmi vous le culte du crime heureux, ô vous tous, grands et petits, respectez et écoutez ces âmes d'élite qui descendent parmi vous pour vous relever et vous consoler ; ce que vous ne savez apprécier aujourd'hui, vous l'admirerez peut-être demain. Et, si décidément vous ne comprenez point, n'insultez point, et ayez un peu de cœur. Ne refusez pas à l'artiste, au poète, au savant, qui vous apportent le beau, le grand et le vrai, sous toutes leurs formes, ce que vous prodiguez à ceux qui ne vous apportent que le mal !

VII

Nous avons dit qu'il est impossible d'expliquer d'une manière purement physique et physiologique la seule impression que produit en nous un accord consonnant ou dissonant ; et qu'à côté des raisons de l'ordre physique, nous sommes obligés d'en chercher une psychologique, dépendant de la nature de notre être animique. Nous avons fait un grand pas de plus, et nous avons reconnu que, quelque grande qu'on fasse, dans l'effet de la musique, la part de l'action physique des sons sur la partie sensitive de notre être, il n'en demeure pas moins certain que la pensée musicale, dans l'impression produite sur notre être intellectuel, dans le jugement que nous portons sur elle, et enfin dans sa création même, n'a plus rien de commun avec nos sens. A bien plus forte raison arrivons-nous à une conclusion semblable, lorsque nous nous demandons d'où dérive le caractère, non pas seulement d'une œuvre dans son ensemble, mais même celui d'une simple phrase isolée ; lorsque nous nous demandons pourquoi une mélodie nous apparaît comme belle ou laide, noble ou triviale, gaie ou triste, lugubre ou sereine... Ce

serait le comble de l'absurdité que d'en chercher la raison
dans l'effet que produit sur le nerf auditif et sur le cerveau
la succession des sons dans tel ou tel ordre. La raison psychologique reste ici seule en action; elle échappe à une explication proprement dite et repose sur la loi de création même
de notre être animique; ou, pour parler d'une façon plus
réservée, c'est du moins là tout ce que nous pouvons en dire
ici-bas. En ce sens, la musique rentre dans les conditions des
autres arts et de la poésie. On a fait de tout temps des efforts
incroyables pour expliquer ce qui constitue le beau et le laid,
pour les définir. De tout temps aussi, on aurait reconnu la
vanité de ces explications, de ces définitions, si l'on s'était
donné la peine de comparer les résultats auxquels elles
conduisent avec ceux qu'on tire des définitions correctes des
sciences, par exemple. D'une définition exacte de l'ellipse, le
géomètre tire les propriétés et la construction de cette courbe.
De la définition correcte d'un gaz, le physicien tire, dans une
certaine mesure aussi, la connaissance des propriétés de cette
classe de corps. Des définitions, quelles qu'elles soient, du
beau, jamais artiste ou poëte n'a tiré, je ne dirai pas un moyen
de créer le beau, mais seulement un moyen de le faire reconnaître à coup sûr par quelqu'un qui ne serait pas par lui-
même doué de la faculté de le sentir. L'art, dans sa base
même, échappe à la démonstration scientifique; et cependant
c'est là où leur scission semble le plus complète que la parenté
entre l'art et la science est la plus sublime; tandis que l'artiste s'efforce vers l'éternellement beau, le savant tend vers
l'éternellement vrai. Et le vrai n'est pas plus susceptible
d'une définition absolue que le beau; on les sent, on ne les
démontre pas, dans leur essence.

Il n'est pas d'art qui ait donné lieu à plus d'exagérations
que la musique, dans les opinions qui ont été émises sur
l'étendue de son pouvoir. Tandis que, pour les uns, elle n'est
pas même appelée à exprimer des idées, d'autres ont été jus-

qu'à dire qu'elle est un art essentiellement descriptif. Il suffit pourtant de se laisser guider par les simples règles du bon sens pour éviter de tels égarements.

La musique constitue une langue à part, appelée à exprimer des idées à part aussi. Une mélodie quelconque, une suite d'accords se résolvant harmoniquement les uns par les autres, sont des idées, aussi bien que n'importe quelle manifestation de l'activité de notre âme. Ces idées sont seulement d'une autre espèce que celles que rendent, en général du moins, nos langues articulées. La musique, certes, ne saurait peindre un paysage, une scène de la nature morte ou vivante, ni (Dieu en soit loué !) une bataille. Mais elle peut éveiller en nous les mêmes sentiments, les mêmes émotions que ces scènes, et elle le fait d'une manière souvent plus intense, toujours plus pure et plus élevée, que ne le fait la réalité, bien que, par la nature même de ses accents, elle laisse dans le vague et l'indéfini les formes des contours. Le vrai caractère de la musique, alors cependant dans l'enfance encore, est admirablement exprimé dans le beau mythe que nous a légué le plus artiste des peuples, et que la musique de Glück eût dû nous rendre sacré (je dis : *eût dû* [1] ; un artiste sans conscience et sans scrupule n'a point craint de le traîner sur la scène en une triviale parodie). Orphée ne *peignait* pas les rochers, les forêts, les fleuves, les monstres sauvages ; il les animait, il les faisait mouvoir, il les détournait de leur cours, il les

---

[1] Mes lecteurs, j'en suis certain, me trouveront bien sévère ; plus d'un sans doute a ri de la charge musicale de M. Offenbach. Sous forme générale, et en ce qui concerne les applaudissements que l'on prodigue à de semblables trivialités, je ne puis m'empêcher de dire que, quelque sûrs que nous soyons de posséder exclusivement la vérité, il ne serait que juste de respecter du moins ce qui se trouvait parfois de beau et d'élevé dans ces mythes païens, que nous méprisons tant et auxquels pourtant nous avons tant emprunté. Et, quant à la question d'art, il me semble que ce n'est point un compositeur qui devrait descendre à un manque de respect aussi indigne envers l'une des plus hautes glorifications de la puissance de l'art musical !

adoucissait. Il n'a point *décrit* l'enfer et ses tourments ; il en a attendri le sombre roi et a suspendu les coups des Furies vengeresses. Et, lorsque de vraies furies eurent mis en pièces le corps du chantre immortel,

>   ...Dans les antres qui gémirent,
>   Le lion répandit des pleurs.

La musique peut éveiller en nous des émotions du même ordre que celles qui naissent à la vue des scènes du monde réel ; mais elle peut bien plus encore, elle peut traduire des sentiments qu'aucune langue articulée ne rendra jamais, et qui répondent aux aspirations les plus élevées de l'âme. Les accents dont elle dispose, les émotions qu'elle excite, sont au gré de l'artiste assez puissant pour créer et doué d'assez de bons sens pour se gouverner lui-même.

Dans l'opéra et dans l'oratorio, dans le drame théâtral, comme dans le drame sacré, il est évident que tout l'ensemble de la partition, dans ses plus minimes détails, doit toujours répondre aux sentiments qu'*indiquent* les paroles, qu'il s'agisse d'ailleurs des parties du chant ou de celles que rend l'orchestre seul. C'est, quant à la musique de théâtre, ce qui a été admirablement compris par Gluck d'abord, et puis par d'autres grands artistes. C'est ce qui a été, par Wagner, porté aux dernières limites du possible, mais nullement à l'exagération, quoiqu'on en ait dit. Dans ce genre de musique, il y a une connexion intime entre les sentiments annoncés par la langue articulée et ceux que la langue musicale exprime en les amplifiant, en les portant à leur plus haut degré d'intensité. Quand une œuvre de ce genre est bien conçue, il devient impossible de disjoindre la musique de la scène dramatique qu'indique le libretto, fût-il même mal fait, et nous sommes souvent étonnés, en rentrant en nous, de l'intérêt que la beauté musicale nous fait porter à un sujet pauvrement rendu par le librettiste. A plus forte raison en est-il ainsi, quand, par hasard, les paroles du drame sont quelque peu dignes de la musique. Pour arriver alors, en y substituant d'autres paroles d'un sens différent, à quelque chose de parfaitement bouffon, il n'est pas nécessaire d'aller, à beaucoup près, aussi loin que ce professeur d'un séminaire, qui avait ajusté les paroles d'un hymne chrétien sur la musique du chœur des chasseurs de *Freischütz*. — Maintes fois les librettistes cherchent, dans des drames connus depuis longtemps, les sujets du drame musical que le compositeur se charge de développer. L'épreuve est ici décisive pour l'artiste et pour la musique, parce que l'auditeur est forcé de comparer ce qui avait pour lui revêtu jusque-là la forme littéraire avec ce qui revêt maintenant la forme musicale. Cette espèce de parallèle obligé est redoutable, dans certains cas, et cependant la musique l'a plus d'une fois supporté victorieusement. Dans le troisième acte d'*Othello*, le génie de Rossini a certainement su s'élever à la hauteur de celui de Shakespeare. Et, s'il m'est permis de citer une œuvre d'un contemporain, je dirai que, dans *Faust*, en dépit de la faiblesse peu justifiable du libretto [1], M. Gounod a su maintes fois se placer à côté de son puissant rival, que l'Allemagne appelle l'OLYMPIEN de la poésie.

En dehors de l'oratorio et du drame, où la musique est condamnée, sous peine d'être mauvaise, à rendre un ordre déter-

[1] Je ne connais que l'œuvre représentée à l'ancien Théâtre-Lyrique de Paris, et je ne sais s'il a été fait des modifications au libretto, pour la scène du Grand-Opéra. — Lorsqu'un librettiste se charge d'arranger pour un compositeur le sujet d'un drame devenu en quelque sorte monumental, tel que Macbeth, Hamlet, Othello..., son premier souci devrait être de respecter la couleur générale du modèle, de ne faire que les coupures et les modifications exigées naturellement pour le passage du drame parlé au drame chanté, afin de permettre au compositeur d'éveiller dans l'esprit de l'auditeur des sentiments d'un même ordre que ceux que le poëte avait depuis longtemps développés dans le drame. — C'est pourtant presque toujours le contraire que font la plupart des arrangeurs, afin, semblerait-il, de rendre à l'artiste la tâche plus difficile et plus ingrate. — Quelque opinion qu'on puisse avoir du FAUST de Goethe,

miné de sentiments, de passions, il est des cas où, quoique séparée de la parole, quoique tout instrumentale, elle traduit encore certains sentiments indiqués à l'avance par le compositeur. Il me suffit, comme exemple, de rappeler la symphonie pastorale tout entière. Dans un genre bien différent, je citerai le majestueux *adagio* du douzième quatuor de Beethoven (chant de grâce rendu à Dieu, après une guérison) : il répond dans toute la plénitude de la beauté au titre donné par le compositeur. Jamais hymne exprimant un plus profond sentiment de reconnaissance n'est sorti, en langue articulée, de la bouche d'un croyant !

Dans aucune des manifestations dont nous venons de parler, la musique ne *décrit* ou n'*imite*; mais elle fait naître en nous et exprime pour nous, avec des accents particuliers, des sentiments, des émotions, des passions d'une espèce donnée. Remarquons-le tout de suite formellement, dans tous ces cas où le sens est spécifié à l'avance, ce n'est point la musique qui

toujours est-il que ce drame, d'une structure si étrange, restera un type auquel personne ne touchera plus. C'était le cas ou jamais d'observer la règle élémentaire précédente. — Or, il semble que le librettiste ait pris à tâche de dépouiller l'imitation française de toute la couleur locale indestructible que Goethe a donnée à son drame. — Je ne ferai qu'une citation. Au début du drame, au moment où Faust porte à ses lèvres la coupe empoisonnée, on entend dans le lointain l'hymne joyeux du jour de Pâques (*Christ est ressuscité*). Le savant blasé et dégoûté de toutes les choses de cette terre est ramené malgré lui aux fraîches et pieuses impressions de sa jeunesse; la coupe tombe de ses mains ; « Erde, du hast mich wieder ! » s'écrie-t-il, en sentant une larme couler le long de ses joues. Dans cette scène profondément émouvante, qui sert en quelque sorte de clef de voûte au drame, et dont le génie de M. Gounod eût tiré un admirable effet, le librettiste a substitué à l'hymne religieux un chant de campagnards joyeux partant pour la moisson. Quelque gracieuse que soit la musique de ce chant, il est certain que tout le sens profond du drame est ici rompu. — Était-il vraiment nécessaire de pousser le contre-sens jusqu'à donner à un jeune premier, atteint d'un amour malheureux pour Marguerite, le nom (Siebel) de l'un des quatre pourceaux que Faust, à sa première sortie avec Méphistophélès, trouve attablés dans la cave d'Auerbach ?

gagne par le tableau, par la scène, par les sentiments particuliers qu'elle est chargée de traduire; c'est tout l'inverse qui est vrai; c'est la musique qui embellit ce qu'elle rend et qui le transporte parfois entièrement en dehors de ce monde. L'art n'a nul besoin de ces sortes de spécifications, pour rester ce qu'il est. Haydn, Mozart, Beethoven et, après eux, d'autres grands artistes, ont écrit un grand nombre d'œuvres, sans aucune indication quelconque d'un sujet particulier. Ces œuvres, ainsi dénudées en apparence, n'en sont pas moins des chefs-d'œuvre. Cette remarque m'amène tout naturellement à parler d'une tendance étrange, qui prédomine chez beaucoup d'intelligences, d'ailleurs très bien douées. Bien des personnes ont essayé d'*humaniser* en quelque sorte les grandes symphonies de Beethoven[1] (entr'autres), de broder sur elles des scènes de la vie privée ou publique. Je ne veux, à aucun titre, peiner les inventeurs de ces sortes de romans musicaux; je les engage seulement à les garder discrètement pour eux; car, ce qui en ce genre plaît à l'un semble fort souvent puéril ou faux à un autre. Les symphonies en *si*-bémol, en *mi*-bémol, en *la*..., n'ont assurément rien à gagner à de pareilles fantaisies. Beethoven a dit, en parlant des premières

---

[1] Le lecteur qui, plus loin, m'entendra blâmer l'exclusivisme, m'accusera peut-être d'y être tombé tout le premier, parce que le nom de Beethoven revient si souvent sous ma plume. Il m'eût été bien facile de multiplier les citations de noms d'artistes, et de faire preuve d'érudition (à peu de frais en vérité). Dans un travail aussi condensé et pourtant aussi étendu que celui-ci, j'ai cru, au contraire, devoir rester très sobre en ce sens et ne faire que des citations où mon opinion personnelle fût celle de tout le monde. Si j'avais eu à parler de drame, c'est Shakespeare que j'aurais surtout nommé; ayant à donner des exemples inattaquables en matière de musique, j'ai cité de préférence les dernières œuvres d'un des génies les plus incontestablement complets, dont l'art puisse se glorifier. Si cette dernière assertion devait trouver un contradicteur, je déclare très carrément que je passerais outre, dussé-je, à mon tour, être accusé de cet orgueil, dont on jette si souvent le reproche à la tête des savants.

mesures de sa symphonie en *ut*-mineur : « C'est ainsi que le destin frappe à nos portes. » Il caractérisait ainsi la *couleur* du premier *allegro*. Gardons-nous d'ajouter quoi que ce soit. Ce formidable morceau terrasse et jette l'auditeur dans une telle angoisse qu'on se hâte d'oublier les plus *belles* scènes qu'on aurait la velléité de greffer sur lui.

Le beau, avons-nous dit, ne peut pas plus être démontré en musique que dans les autres arts et qu'en poésie. Mais alors, objectera-t-on, à quels caractères le reconnaît-on ? La beauté en littérature, en peinture, en sculpture, a des siècles d'épreuve ; à défaut de démonstration, elle a pour mesure la comparaison des œuvres de même espèce entre elles. La musique, au contraire, est un art relativement moderne, auquel fait, par suite, défaut la sanction des âges. Il est d'ailleurs, on le sait, bon nombre de personnes qui pensent que le beau et le laid, le bien et le mal, sont des choses tout de convention et d'éducation ; qui pensent que ce qui est hideux ou criminel à nos yeux peut être magnifique ou juste à ceux d'un Chinois, d'un Japonais ; qui admettent qu'il n'y a de mal que ce qui est prévu par le Code. Le lecteur, sans doute, ne s'attend pas à ce que je porte la discussion sur ce terrain-là. Si nous nous laissons ici encore guider par la vraie méthode scientifique, c'est-à-dire par les simples lois du bon sens et par l'observation impartiale des faits, comme je me suis efforcé de le faire avec mes lecteurs dans tout le cours de cet exposé, nous arrivons à des conclusions beaucoup plus rassurantes, quant à la possibilité d'un jugement correct en matière de musique.

Nous ne naissons certainement pas juges de toute pièce, en esthétique, qu'il s'agisse de musique, de peinture, de poésie, peu importe. Je connais, je l'avoue, des personnes à jamais incapables de saisir un rhythme un peu plus compliqué que celui de la valse ou de la polka, ou de distinguer un accord faux d'un accord juste ; mais c'est heureusement là l'exception, et la plupart d'entre nous naissent avec la faculté, du moins en germe, de saisir la phrase musicale comme la phrase articulée. Chez la plupart aussi, ce germe, ainsi que celui de toutes nos autres facultés, peut être développé, à un plus ou moins haut degré, par une éducation convenable. Ici, toutefois encore, une distinction profonde est à faire. Dans la poésie, dans l'art, dans la science, autre chose est de savoir créer, ou d'être seulement apte à comprendre ce que d'autres ont créé. Entre ces deux genres d'aptitudes s'élève un mur d'airain, qu'aucune éducation, aucune volonté ne saurait renverser. Si je m'arrête un instant sur cette distinction, évidente à mon avis par elle-même, c'est parce que j'ai entendu des hommes intelligents la nier formellement, et aller jusqu'à dire qu'il suffit d'une volonté énergique pour devenir, *ad libitum*, un Michel-Ange, un Shakespeare, un Newton, un Mozart. Si le nombre de ces *favorisés de la divinité* n'est pas plus grand, c'est, dit-on, parce que chacun ne reconnaît pas clairement leur utilité et, par suite, n'applique pas ses forces à devenir digne de se faire inscrire parmi eux. Une pareille assertion se réfute à la rigueur d'elle-même pour chacun, à la seule condition qu'en rentrant en lui-même, il sache se *jauger* avec un peu de bon sens et de modestie. La soutenir avec trop d'insistance, c'est simplement prouver qu'on n'appartient pas même à la catégorie de ceux qui sont aptes à comprendre. Un argument, cependant, Il n'a jamais manqué d'hommes qui se croient appelés à gouverner leurs semblables, qui ont appliqué toutes les forces de leur volonté à atteindre ce but; il n'en est que trop qui ont réussi, à l'aide d'heureux *coups de force*, à se faire acclamer pour un moment comme les sauveurs des Etats. Ambition, égoïsme, intérêt personnel bien compris, tout conspirait à les rendre, sinon par amour pour le prochain, du moins par amour pour eux-mêmes, *inventifs* en *créations* utiles et durables. Combien y en a-t-il cependant qui aient su *créer* et laisser derrière eux autre chose que des ruines et la tradition du mal qu'ils ont engendré ? — Mais quittons le domaine de ces tristes réalités ; revenons à ceux qui, modestement, cherchent à comprendre le beau, et qui, humblement, remercient le ciel de les en avoir rendus capables. Le germe de cette faculté est, disons-nous, plus commun qu'on ne le dit en général, et, pour l'éveiller, même chez l'enfant, il ne faut souvent qu'une étincelle. Il me souvient d'avoir, à l'âge de dix ou onze ans, assisté à la première représentation peut-être de Freischütz en France [1] ; c'était sur un bien modeste petit théâtre d'une petite ville de province. Acteurs et orchestre, sans doute, laissaient à désirer ; mais chacun était de bonne volonté et consciencieux, ce qui rachète maintes défectuosités. L'enfant, certes, eût été excusable de prêter le plus d'attention à la scène, au drame, si émouvants pour lui. C'est pourtant la musique qui prit le dessus sur toutes les distractions accessoires, et qui, dès l'ouverture, excita en lui un enthousiasme inexprimable. J'ai conservé, je l'avoue, un profond sentiment de gratitude pour la mémoire du grand artiste, qui avait su ravir ainsi l'âme d'un enfant, et dans ce monde, encore si neuf pour lui, lui révéler déjà l'existence d'un autre monde bien supérieur. Après un demi-siècle d'intervalle, ce souvenir est demeuré l'un des plus vifs et des plus bienfaisants de mon entrée dans le monde de la pensée. — Je suis loin, sans doute, de soutenir que l'on puisse dire : *Ab uno disce omnes* ; mais ce qui est vrai de l'un l'est du moins d'un plus grand nombre qu'on ne l'admet en général. Paris a été, dans ces dernières années, témoin d'une expérience décisive en ce sens. De

---

[1] (1825 ou 1826). C'est, si je ne me trompe, un ou deux ans après seulement que l'œuvre de Weber, estropiée par Castil-Blaze, est apparue sur la scène à Paris. Un témoin indigné, dont je ne puis mettre la véracité en doute, m'a raconté, à cette époque déjà, qu'entr'autres innovations et corrections, le charmant chœur de jeunes filles du dernier acte était chanté par une enfant d'une quinzaine d'années ! C'est ici qu'il est permis de dire, sans réticence : *Ab uno disce omnes !*

modestes hommes du peuple apportent en foule leur pécule pour assister aux concerts de M. Pasdeloup, écouter dans un silence religieux et applaudir des œuvres réputées difficiles entre toutes. Ce même public, je le sais, donnera son approbation à des œuvres bien inférieures; on lui fera accepter volontiers de la *contrebande* musicale; mais ceci ne change rien à la question. Ici doit intervenir seulement le travail de l'éducation, aussi indispensable en musique qu'en toute autre chose.

VIII

On commence à admettre assez généralement aujourd'hui que l'étude de la musique, comme celle du dessin, etc., doit faire partie de toute éducation un peu complète. L'étude et la culture de la musique d'ensemble surtout sont utiles, dit-on, parce qu'elles détournent la jeunesse de distractions plus frivoles ou pernicieuses. J'applaudis de grand cœur à ce point de vue utilitaire. L'art se trouve mis ainsi immédiatement sous la protection des défenseurs de l'ordre moral, de la religion, de la famille, de la propriété, de tout ce qu'on défend à outrance... quand on le possède. Cela est fort heureux! Mais j'estime que d'autres raisons encore militent en faveur de l'art. — Je commence tout d'abord par renverser l'assertion, en ce qui concerne l'éducation en général, ou du moins par l'*égaliser* en quelque sorte. Si l'étude de la musique doit faire partie de toute éducation un peu élevée, l'inverse est tout aussi vrai, c'est-à-dire qu'il est impossible d'être artiste ou seulement appréciateur compétent des arts en général, si l'on ne possède pas en outre un ensemble de connaissances qui, au premier abord, peuvent y sembler tout à fait étrangères. — L'un de nos critiques littéraires les plus éminents disait qu'il n'est plus permis aujourd'hui à un poète d'ignorer les éléments tout au moins de nos sciences naturelles et exactes;

d'ignorer les grandes lois que ces sciences ont proclamées, et les interprétations qu'elles ont données des majestueux phénomènes de la nature ; en analysant une des poésies [1] de Lamartine, dont il fait ressortir les beautés, Gustave Planche critique l'une des strophes, et dit avec justesse qu'il est des *bévues* astronomiques qui sont devenues impardonnables chez un grand poète. — Ce que Planche dit des poètes s'adresse identiquement, non seulement et surtout aux artistes, mais même aux personnes qui veulent sérieusement sentir, comprendre et juger les œuvres d'art de n'importe quelle espèce.

En ce qui concerne la partie technique de chaque art, l'assertion précédente est évidente de vérité. Le sculpteur, le peintre, le compositeur, qui ne possède pas les notions fondamentales de la géométrie dans l'espace, de l'optique, de l'acoustique, est privé d'un puissant appui, dans la partie toute matérielle de son art. C'est, quant à la musique, ce que la première moitié de ce travail aura mis hors de doute, je l'espère. La routine sans doute peut suppléer à l'étude scientifique ; mais n'est-il point triste de voir un homme intelligent se condamner à ne savoir qu'au bout de dix ans de travail ce que la science lui apprendrait en six mois ? Soit, dira-t-on ; voilà pour la partie technique et matérielle ; mais qu'importe la science à l'art proprement dit ? Un compositeur risquerait-il par hasard de commettre des *bévues astronomiques*, comme celles que Planche reprochait à Lamartine ? Ne riez pas trop, lecteurs. Un compositeur justement estimé, Romberg, ayant, dans un oratorio, à peindre l'harmonie des cieux, a cherché à rendre le *roulement* des sphères célestes par celui de six paires de timbales. Je ne sais quelle est la valeur de cette œuvre en elle-même ; mais ce qui est certain, c'est qu'il y a ici un *lapsus* monstrueux, comme art et comme science. Ce

[1] *Les Etoiles.*

qu'il y a précisément de sublime dans le spectacle des cieux, c'est le calme et le silence absolu, dans lesquels s'accomplissent les phénomènes célestes. Si le compositeur veut faire sentir ce sublime, il faut qu'à l'aide des sons mêmes, il sache éveiller en nous le sentiment du silence profond et majestueux. Pour le physicien, l'idée seule du *roulement des sphères* implique une résistance, un travail, une usure, une *fin*. Le bruit, s'il était possible dans les cieux, annoncerait une ruine prochaine. C'est l'idée précisément contraire qui s'empare de nous, quand l'œil éperdu plonge dans l'espace céleste.

Artistes, croyez-en le physicien; ne craignez point d'étudier les éléments des sciences voisines de votre art. Vous vous convaincrez bientôt que, dans la nature, il n'y a d'aride que notre manière de la considérer. Lisez l'*Exposition du système du monde* de Laplace, *le Ciel* de Guillemin, *l'Univers* de Pouchet, et tant d'autres ouvrages, où des hommes dévoués ont mis les mystères de l'infiniment petit et de l'infiniment grand à la portée de quiconque est de bonne volonté, *ont mis la majesté de la nature à la portée de tous*; élevez parfois vos regards vers ces fleurs immortelles des cieux, vers ces étoiles dont la science nous révèle les lois; votre art n'y perdra point. Et si une foule injuste *siffle* une œuvre, où vous aurez mis une parcelle de votre âme, regardez encore une fois le ciel; vous y trouverez la force de persévérer dans le beau.

A cette foule qui n'est point appelée à créer dans l'art, au public, simple auditeur bénévole ou malévole en musique, par exemple, une condition s'impose absolument, dès qu'il veut exercer son droit de critique : c'est l'équité. Elle s'impose à quiconque veut mériter le nom d'honnête homme, et pourtant, hélas! c'est celle dont on s'inquiète le moins. Le beau n'a pas seulement une forme, il en revêt mille. Si nous ne nous habituons de bonne heure à l'accepter sous des faces diverses, nous en devenons bientôt incapables; nous tombons dans l'exclusivisme, dans l'engouement et, par un contre-coup presque forcé, dans l'inconstance. Nous commençons par nous éprendre du maître dont la manière répond le mieux à notre caractère, ce qui est d'ailleurs naturel et presque légitime ; mais, au lieu de suivre ce maître dans les transformations, dans les progrès, qui caractérisent le génie, nous voulons lui imposer fort immodestement notre propre petite manière. Nous en venons à condamner Beethoven avec Beethoven, Rossini avec Rossini, Verdi avec Verdi. Et comme, en définitive, l'esprit le plus retardataire, le plus immobile, ne peut pas tourner toujours dans le même cercle, nous finissons par nous lasser et nous rejetons un beau jour ce que, la veille encore, nous déclarions seul admirable. A force d'errer ainsi, nous en arrivons à ne plus savoir sentir par nous-mêmes, à ne plus savoir juger que sur le dire d'autrui ; nous condamnons ou nous acclamons une œuvre d'après le nom qui se trouve au bas. Dans la collection des *Lieder* de Schubert s'en trouve un, qui est beau entre tous (*Adieu !*). Un jour, on apprend que ce morceau a été composé par un jeune étudiant inconnu. A partir de ce moment, il avait perdu toute valeur aux yeux de certains juges. Il est évident qu'une fois parvenu à cet extrême, on est devenu incurable.

Les légendes d'Orphée, d'Amphion, nous montrent ce que les nations civilisées de l'antiquité pensaient de la puissance de la musique. Nous n'avons aucune notion exacte de ce qu'était cet art chez les Grecs, par exemple. Les accords, l'harmonie en étaient exclus ; les chœurs étaient chantés à l'unisson ou à l'octave ; d'après les descriptions qui nous restent des instruments, la musique d'orchestre ne pouvait pas même exister. Et cependant l'art était tenu hautement en honneur et respecté. Il est permis de croire que la musique grecque était surtout le récit chanté, tel que, sous l'une de ses faces au moins, Richard Wagner l'a introduit dans le drame musical. Une partie de sa puissance pouvait, ce semble, reposer dès lors sur la mélodie inhérente à la langue grecque (de même qu'à la langue latine), mélodie dont nos langues modernes n'ont conservé aucune trace et dont nous ne pouvons pas nous faire la plus légère idée. Que dirions-nous si, à l'instar d'un des Gracques, il prenait fantaisie à un député de nos parlements de se faire accompagner à la tribune par une petite flûte, pour soutenir sa voix ? Il est plus que douteux que ce soit à ce genre d'instruments que recourraient nos élus, s'ils avaient à chercher un point d'appui dans les éléments de nos orchestres. — Platon craignait pour les mœurs publiques et pour la stabilité de la république, parce qu'un innovateur audacieux proposait d'ajouter une corde de plus à la lyre. Nous sommes loin aujourd'hui d'être dotés de cette sensibilité artistique presque maladive, et ce n'est assurément point l'introduction d'un accord, si dissonant qu'il fût, qui pourrait compromettre le sort des États. Si nos jeunes républiques modernes n'avaient pas, dans les privilégiés du passé, des ennemis plus dangereux que dans les savants qui tentent de réformer la gamme, leur sort serait parfaitement assuré dans l'avenir. — L'art n'a point décliné, soyons en sûrs. La muse céleste donne à pleines mains à qui en est digne; mais ne lui demandons pas l'impossible. On a souvent parlé de la puissance de moralisation que la bonne musique pourrait avoir sur les masses, et de l'utilité qu'il y a, par suite, d'en répandre l'enseignement. Nul doute que le *commerce* journalier avec le beau, sous quelque forme qu'il se manifeste, ne finisse par élever et développer l'âme; le culte du beau est l'une des mille formes de la prière à laquelle les dévots n'en veulent reconnaître qu'une seule. Nul doute même que l'*espèce* des œuvres littéraires et artistiques qui, à une époque donnée, sont en faveur chez le public, ne serve de mesure, de *thermomètre* à l'état moral de la nation à cette époque. Mais, encore une fois, ne demandons pas trop à la muse, et, en fait de moralisation du peuple, comptons surtout sur l'effet de l'exemple donné par les castes qui ont la prétention de

diriger les masses; soyons quelque peu exigeants de ce
côté.

Dans le même but de moralisation, compris comme il peut
l'être par certaines gens, on a classé la musique en profane et
en sacrée; et il va sans dire que c'est cette dernière qui, seule,
doit être enseignée, l'autre n'étant propre qu'à corrompre le
sens moral.

Il y a ici une large restriction à faire dans l'emploi de
l'épithète de profane, en tant qu'on veut lui faire signifier,
non seulement ce qui n'est pas dirigé immédiatement vers la
pensée religieuse, mais ce qui éloigne même de cette pensée.
Il n'est, hélas! pas contestable un seul instant qu'il se
trouve des artistes qui, oublieux du respect qu'ils doivent à
l'art et à eux-mêmes, et ne cherchant qu'une prompte vogue,
n'importe à quel prix, mettent la muse au service de n'importe quel sujet, et emploient un talent souvent incontestable
à exprimer des sentiments vils et bas, à éveiller chez l'auditeur des pensées honteuses, à rabaisser encore davantage ce
que la musique aurait eu la puissance d'ennoblir. — Si ce
n'était souiller sa plume que de faire des citations, il serait
facile de trouver, dans le cours des vingt-cinq années qui
viennent de s'écouler, de nombreuses productions de cet ordre.
De telles œuvres, littéraires ou musicales, sont plus que
profanes; elles sont malsaines, non seulement pour le pauvre
peuple, mais plus encore pour les classes dites lettrées. De
telles œuvres, disons-le bien haut, peuvent être spirituelles,
entraînantes de verve, originales même : elles ne sauraient
être belles, dans la vraie acception de ce terme. Ce qui est
réellement beau ne peut être profane; les sujets d'Orphée,
d'Alceste, d'Iphigénie, et en partie d'Armide, sont païens,
comme il est reçu de dire, et cependant l'admirable musique
de Glück ne fera naître dans aucune âme autre chose que
des sentiments nobles et élevés; ce serait un contre-sens inju-
rieux que de lui appliquer l'épithète de profane! Sans doute

la musique, lorsqu'elle ajoute ses accents à la prière, est plus puissante qu'aucune langue articulée à transporter l'âme du fidèle vers son Créateur ; c'est ce que l'intuition d'un poëte a admirablement exprimé :

> La piété emprunte à la musique ses sons
> Et la musique prend les ailes de la piété ;
> Et, ainsi que l'oiseau qui salue le soleil,
> Elles s'élancent vers le ciel, et en s'élevant elles
>   chantent.[1]

Mais, quelque sentiment que traduise le vrai beau, il ne peut qu'élever notre âme.

IX

Nous avons dit que l'existence même de la musique implique en nous celle d'un principe immatériel auquel est dévolue la fonction de la pensée. Je reviens sur ce sujet à un autre point de vue, plus élevé encore, s'il est possible, qui ne semblera digressif à aucun de mes lecteurs ; je le fais en toute sincérité, dussé-je par hasard, une fois en ma vie, sembler d'accord avec les défenseurs de l'ordre moral, et risquer d'avoir leur approbation.

Plus que les autres arts, plus que la poésie elle-même, la musique a le pouvoir de nous détacher des choses d'ici bas, de nous transporter dans un autre monde, dans des régions

[1]
> When autumn nights were long and drear,
> And forest walks were dark and dim,
> How sweetly on the pilgrim's ear
> Was wont to steal the hermit's hymn!
>
> Devotion borrows music's tone
> And Music took devotion's wing;
> And, like the bird that hails the sun,
> They soar to heaven, and soaring sing!

W. Scott a mis ces deux charmantes strophes comme épigraphe au chapitre XX d'Ivanhoë. Malgré l'origine qu'il leur donne, il est permis de croire qu'elles sont de lui-même.

éthérées où la vertu se divinise, où le crime même, sans cesser d'être crime, perd du moins son aspect trivial. Mais, est-ce au pays des rêves seulement, n'est-ce qu'à des songes, si beaux qu'ils puissent être d'ailleurs, qu'aboutit l'art divin ?

Le songe, croyons-le bien, répond ici à l'intuition d'une vérité plus haute. On a dit souvent, et toujours avec raison, que l'une des preuves les plus convaincantes de l'immortalité de l'âme et d'une vie future, c'est le besoin insurmontable de justice qu'éprouve l'*honnête homme*, à la vue de toutes les iniquités monstrueuses, de tous les crimes qui se commettent autour de lui, de toutes les douleurs imméritées qui l'entourent, et qui pourtant peuvent ne pas l'atteindre directement. *Aucune vibration de la masse cérébrale* n'expliquera jamais cette soif du bien, si rarement et si incomplètement satisfaite ici-bas ; aucune philosophie positive n'en éludera les conséquences. La seule notion du bien moral implique l'existence de l'âme, et la soif inextinguible de cette âme vers la justice implique la nécessité d'un autre mode d'existence pour elle. Ce n'est pas le seul besoin de faire une belle strophe qui a poussé Schiller à dire :

> Souffrez courageusement, foule sans nombre,
> Souffrez pour le monde meilleur !
> Là-haut, au-dessus de la tente étoilée,
> Un Dieu grand et bon récompensera !
> . . . .
> Frères, au-dessus de la tente étoilée
> Dieu jugera comme nous aurons jugé.[1]

(Soit dit en passant, les hommes d'ordre feraient bien de se rappeler cette dernière strophe.)

La science et l'art, le besoin du vrai et du beau impliquent

---

[1] *Ode à la Joie.* — On sait que Beethoven a mis cette belle poésie dans le final de sa neuvième symphonie.

aussi l'existence d'un principe supérieur pensant; n'impliquent-ils point une autre conséquence?

« La plus belle découverte scientifique, la plus belle symphonie ne nous console point de la perte d'un être chéri, et reste impuissante devant une tombe. » Telle est l'apostrophe injurieuse que certaines personnes jettent à la tête du savant, de l'artiste. Il ne faut vraiment pas un esprit bien inventif pour découvrir de telles vérités; les émettre sous cette forme, c'est tout simplement comprendre la science et l'art à rebours.

L'homme, disons plutôt certains hommes sont poussés par un besoin irrésistible, non pas seulement à l'étude des phénomènes de la nature et à la détermination des lois qui les représentent, mais encore, et surtout peut-être, à la recherche des causes qui donnent lieu à ces phénomènes, à la recherche de la nature de la matière, de la force, du mouvement, de la vie, de l'âme... Dès que leurs efforts se portent de ce côté, ils ne tardent point à s'apercevoir qu'ils devinent assez la nature des choses pour que leur aspiration soit pleinement légitimée; mais à s'apercevoir aussi qu'avec les moyens dont ils disposent, jamais, en ce monde, leur aspiration ne pourra être complétement satisfaite, jamais ils ne pourront arriver à une pleine connaissance. Sentant ainsi tout à la fois leur force et leur faiblesse, la sainteté de leur désir et l'impossibilité de le combler en ce monde, ces hommes peuvent concevoir l'espérance légitime que ce qui leur est refusé ici bas leur sera révélé ailleurs. — Et là précisément, où la science semble faiblir et les abandonner, elle les conduit au but le plus sublime.

A ces sommités, l'art s'unit avec la science en un faisceau indissoluble et nous conduit au même but.

L'homme, disons aussi bien plutôt certains hommes sont portés, par un besoin irrésistible, à créer le beau sous toutes ses formes. Plus heureux que le savant dans la recherche des causes, les élus parmi ces hommes atteignent parfois, dans

les limites du possible en ce monde, le but de leurs désirs,
comme *conception pure de l'intelligence*. La question change,
lorsqu'il s'agit de réaliser cette conception et de la transmettre
aux autres hommes. Ici, toutefois, une différence profonde se
montre entre les divers modes de manifestations du beau. Le
poète, le peintre, le sculpteur, l'architecte, peuvent réaliser
leur pensée, la rendre accessible à tout le monde, sans le concours nécessaire de leurs semblables, ou du moins sans que
ce concours soit de nature à altérer l'œuvre une fois conçue.
Il n'en est plus ainsi quant au compositeur. Une fois sa conception rendue sensible par des signes, une fois la partition
écrite, il lui faut, pour la rendre sensible à tous, le concours
d'un nombre plus ou moins grand de personnes ayant reçu
une éducation musicale complète, capables, non seulement de
sentir et de comprendre, mais encore de reproduire à l'aide
d'un instrument chacune des parties élémentaires de la pensée. Ce seul énoncé nous dit qu'il est impossible de réaliser,
autrement que sous la forme d'un *à peu près* plus ou moins
satisfaisant, l'exécution d'une grande œuvre musicale, telle
qu'un opéra, un oratorio, une symphonie avec chœur....
L'exécution, par la force même des choses, reste toujours plus
ou moins inférieure à ce qu'elle est, non seulement dans la
pensée de l'artiste, mais même dans celle d'un auditeur bien
doué, qui s'est assimilé l'œuvre, soit par la lecture, soit par
plusieurs auditions tolérables. Et, qu'on le remarque bien, en
m'exprimant comme je le fais, je place les choses dans les
conditions les plus favorables ; j'admets en quelque sorte *a
priori* que les exécutants sont tous de bonne volonté et bien
disciplinés. Si nous rentrions dans la réalité pratique, nous
risquerions de tomber dans le trivial, à force de rester vrais.
Qui n'a entendu parler des tribulations, des douleurs éprou-
vées par de grands compositeurs, lorsque, pour la première
fois et pleins encore d'illusions, ils ont essayé de livrer une
grande œuvre à la scène ? Qui ne s'est senti révolté au récit

des indignes concessions que l'artiste est parfois obligé de faire à de prétendus virtuoses, chanteurs ou chanteuses? — Berlioz, en parlant de Freischütz, dit que Weber a dû éprouver un de ces moments de bonheur ineffable, s'il lui a été donné d'entendre une artiste chanter la *Prière d'Agathe*, comme il l'avait conçue, et d'être aimé d'une telle femme! — Weber n'a point eu ce bonheur, soyons-en assurés. Et, le sort lui eût-il été favorable, il lui fallait encore, pour entendre son Freischütz, quatre autres *solistes* de même valeur, et, outre l'orchestre, une quarantaine de choristes tolérables. — Qui de nous ne s'est réjoui d'aller enfin entendre telle grande œuvre, depuis longtemps rêvée, et n'est rentré déçu ou indigné? — Voilà, je le répète, pour le côté trivial et terre à terre de la question; mais en restant, comme il convient, au point de vûe le plus élevé, nous sommes bien obligés de reconnaître que le beau musical, dans sa pureté, est irréalisable en ce monde. Il nous est donné de le concevoir d'une manière assez nette pour ne plus pouvoir douter de la réalité de son existence, mais pour reconnaître en même temps qu'il est hors de notre portée ici-bas.

Loin de conduire l'homme de cœur et de bon sens au découragement, cette dernière pensée le relève vers un espoir suprême. Le juste, le poète, l'artiste, le savant, se donnant ici la main, peuvent, pleins d'une sublime confiance, redire avec Schiller et Beethoven :

> Ainsi que, joyeux, ses soleils volent
> Par les orbes majestueux des cieux,
> Frères, parcourez votre carrière,
> Joyeux, comme un héros court à la victoire!
> ....
> Frères, au-dessus de la tente étoilée
> Doit demeurer un Père chéri!

Logelbach, 4 septembre 1877.

MULHOUSE — IMPRIMERIE VEUVE BADER & C¹ᵉ